Inhalt

NAbg. Mag. Gerald Hauser
Univ.-Doz. Dr. Hannes Strasser, MSc.

Und die SCHWURBLER hatten doch recht ...

DER Corona-Faktencheck

Frank&Frei

Unser besonderer Dank
für die wertvolle Mitarbeit
an diesem Buch gilt

Dr. Christine Born,
Jaroslava Spanring, PhD.
und Christian Papp

Vorwort

Liebe Leserinnen und Leser!

Auch wenn es den Mächtigen und ihren Netzwerken ganz und gar nicht gefällt: Die Nachwehen und die Ursachen der freiheits- und gesundheitsfeindlichen Corona-Politik der Bundesregierung und ihrer Handlanger werden uns alle noch lange beschäftigen. Die beiden Autoren dieses Buches widmen sich diesen dramatischen Folgen und ihren Hintergründen und zeigen eindrucksvoll auf, was die System-Politik und Mainstreammedien bis heute verschweigen. Gerald Hauser und Hannes Strasser machen diesen Faktencheck.

Das Ergebnis ist eine schonungslose Offenlegung der Manipulation der eigenen Bevölkerung durch die Mächtigen. Die penible Aufarbeitung der Vorgänge rund um Corona ist auch eine Genugtuung für all jene, die diskreditiert, ausgegrenzt und verspottet wurden, weil sie die von den selbsternannten Eliten vorgegebene Meinung hinterfragt und nicht einfach widerspruchslos übernommen haben.

Für alle, die an der Wahrheit im Zusammenhang mit den Corona-Maßnahmen interessiert sind, ist dieses Buch eine Pflichtlektüre. Ich bedanke mich bei den beiden Autoren für diese ganz wichtige Dokumentation des Versagens unserer Regierung. Mit dem Erstlingswerk „Raus aus dem Corona-Chaos“ haben Hannes Strasser und Gerald Hauser bereits einen Bestseller gelandet.

Es ist auch für mich persönlich eine große Ehre, dass ich einer dieser so genannten „Schwurbler" war. Gemeinsam mit den beiden Autoren durfte ich als Teil einer riesigen Protestbewegung für die Freiheit der Wissenschaft, der freien Meinung und der Grund- und Freiheitsrechte kämpfen. Diesen Kampf haben wir sowohl auf politischer Ebene im Parlament als auch gemeinsam mit hunderttausenden Menschen auf der Straße geführt.

Wir haben im vergangenen Jahr mit dem Aus für das Impfpflicht-Gesetz einen großen Erfolg für die Freiheit errungen. Der Kampf gegen den Corona-Totalitarismus ist damit aber noch nicht beendet. Wir werden nicht aufgeben, bis nicht auch sämtliche Restbestände, wie beispielsweise das Covid-19-Maßnahmengesetz, außer Kraft gesetzt wurden.

Der nächste Schritt muss dann die Aufarbeitung des Corona-Wahnsinns sein, bis es Gerechtigkeit für die vielen Opfer gibt und die politisch Verantwortlichen für diesen unglaublichen Übergriff auf den Souverän zur Rechenschaft gezogen werden. Dieses Buch ist ein unverzichtbarer Bestandteil dieser Aufarbeitung.

Ich wünsche Ihnen anregende Stunden beim wirklichen Faktencheck.

Herbert Kickl
FPÖ-Bundesparteiobmann

Einleitung

Liebe Leserinnen und Leser,

das Thema Corona beschäftigt uns alle weiterhin, sowohl den Politiker im Parlament als auch den Mediziner und Notarzt in seiner Praxis. Als Autorenteam erleben wir tagtäglich in unseren Berufen die Auswirkungen der einseitigen und unreflektierten Corona-Politik. Es ist für uns deutlich sichtbar, dass das teilweise autoritäre Vorgehen der Regierung und regierungstreuen Medien schädlich für unsere sonst offene und demokratische Gesellschaft war.

Kritiker sowie Ärzte und Wissenschaftler, die Resultate und Daten veröffentlichten, die der Regierungs-Propaganda widersprachen, wurden oft als „Schwurbler" oder „Rechtsextreme" hingestellt oder negiert. Wissenschaft lebt aber von neuen Entwicklungen, von Daten, die bisherige Lehrmeinungen erschüttern und widerlegen. Nur so kann der Fortschritt der Medizin stattfinden, es gibt in der Forschung keine unverrückbaren Dogmen. Mit unserem zweiten Buch „Und die Schwurbler hatten doch recht …" wollen wir zu einer offenen und ausgewogenen Diskussion der Fakten beitragen.

Unser erstes Buch „Raus aus dem Corona Chaos" erschien im November 2021 und regte die Debatte an. Wir klärten darin über die Anfänge und strukturellen Hintergründe der Corona-Krise auf. Damit schrieben wir uns auf Platz neun der österreichischen Fachbuchliste. Wir hatten also das Informationsbedürfnis unserer Leserschaft völlig richtig eingeschätzt.

Mittlerweile werden die Corona-Maßnahmen insgesamt kritischer gesehen, teilweise sogar in Frage gestellt. Die regierungstreuen Medien müssen zur Kenntnis nehmen, dass immer mehr wissenschaftliche Studien untermauern, was wir von Anfang an versucht hatten einzubringen. Die Einschränkung der bürgerlichen Freiheitsrechte ließ und lässt sich eben gerade nicht wissenschaftlich begründen.

In diesem Buch gehen wir auf die neuesten wissenschaftlichen Studien und Statistiken ein, erklären die Ergebnisse gut verständlich und vergleichen mit Zahlen aus anderen Ländern. Besonders das Thema Impfungen und Impfnebenwirkungen wird ausführlich behandelt und soll auch Betroffene unterstützen. Wir zeigen auf, wie schwer es großen Teilen der Politik fällt umzudenken und Fehler einzugestehen.

Nach der Lektüre unseres zweiten Buches „Und die Schwurbler hatten doch recht … DER Corona-Faktencheck“ sind Sie umfassend auf dem neuesten Stand. Unser Faktencheck ist eine solide Grundlage für die gesellschaftliche Aufarbeitung, die jetzt auf uns alle zukommt, wenn wir unsere Demokratie erhalten und ausbauen wollen.

Gerald Hauser und Hannes Strasser
Wien, am 23.12.2022

1. Behauptung:
Mit einer Pandemie hat keiner gerechnet

Seit dem Jahr 2000 gab es bereits 24 großflächige Ausbrüche von Seuchen. Sieben davon wurden laut Wikipedia als „weltweit" bezeichnet.[1] Wir hatten also seit dem Jahr 2000 im Durchschnitt mehr als eine regionale Epidemie oder eine weltweite Pandemie jährlich. Ist Ihnen das aufgefallen? Vermutlich nicht. Wir alle haben nur eine Pandemie sehr intensiv erlebt: Corona!

Warum verlief die Corona-Pandemie so anders?

Inside Corona

Mit dieser Frage habe ich mich auch als Politiker befasst und stieß bei meinen Recherchen auf das Buch „Inside Corona" vom Thomas Röper. Dieses Buch zeigt auf, dass die Corona-Pandemie gezielt aufgebauscht und vielleicht sogar vorbereitet wurde. Deswegen habe ich die Argumente aus diesem Buch zusammengefasst und Fragen zu diesen Inhalten an alle Ministerien gestellt. Hier ein Auszug aus der sieben Seiten langen Anfrage:[2]

---

1 *https://de.wikipedia.org/wiki/Liste_von_Epidemien_und_Pandemien*

2 *Verhandlungsgegenstände je Person | Parlament Österreich*

12671/J
vom 12.10.2022 (XXVII. GP)

1 von 7

ANFRAGE

der Abgeordneten Mag. Gerald Hauser
und weiterer Abgeordneter
an die Bundesministerin für EU und Verfassung im Bundeskanzleramt

betreffend Vorbereitung der Pandemie

Im Buch „Inside Corona" beschreibt der Autor Thomas Röper die einzelnen Phasen der Pandemie-Vorbereitung. Auf der Seite 53 – 54 finden wir eine kurze Zusammenfassung der Phasen:[1]

> *„Unserer Meinung nach hat die Covid-19-Pandemie bisher vier Phasen gehabt.*
>
> *Phase eins lief bis 2009 und war die – aus Sicht von Big Pharma – schlechte Vorbereitung auf die Schweinegrippe. Man hat damals schon versucht, mit Hilfe medial verbreiteter Panik eine weltweite Massenimpfung durchzuführen, was aber bekanntermaßen gescheitert ist.*
>
> *Phase zwei habe ich im Prolog dieses Buches angedeutet. Ab 2010, nachdem die Impfkampagne wegen der (vollkommen harmlosen) Schweinegrippe*

Ich habe die einzelnen Treffen und Pandemie-Planspiele aufgelistet, wie sie in Röpers Buch aufgeführt werden. Diese sind aber auch über Google jederzeit abrufbar. Alle Planspiele sind auf offiziellen Seiten im Internet zu finden. Meine Fragen zu diesen Inhalten waren folgende:

6 von 7 12671/J XXVII. GP - Anfrage (gescanntes Original)

und mit den Erkrankten. Diese Fehlentscheidungen sind den Regierungen anzulasten und müssen auch mit der Rücksicht auf die langjährigen Vorbereitungen dieser analysiert werden.

In diesem Zusammenhang richten die unterfertigten Abgeordneten an die Bundesministerin für EU und Verfassung im Bundeskanzleramt folgende

Anfrage

1. Sind Ihnen die im Buch „Inside Corona" von Thomas Röper beschriebenen vier Phasen bekannt?
2. Ist Ihnen bekannt, dass Corona-Pandemie seitens der Eliten seit Jahren vorbereitet wurde?
    a. Wenn ja, wer hatte diese Informationen?
    b. Wenn ja, wie wurde mit diesen Informationen umgegangen?
    c. Wenn nein, werden Sie diese Informationen bei den nächsten Corona-Entscheidungen berücksichtigen?
3. Da mittlerweile offensichtlich ist, dass die Pandemie vorbereitet wurde, wie werden Sie diese Erkenntnisse bei Ihren Entscheidungen zu den Corona Maßnahmen in der Zukunft berücksichtigen?

4. War jemand aus dem Bundeskanzleramt beim Planspiel Dark Winter im Jahr 2001?
5. Ist Ihnen bekannt welche Österreicher am Planspiel Dark Winter im Jahr 2001 teilgenommen haben?
6. Wie weit wurden österreichische Politiker über die Inhalte des Planspiels Dark Winter im Jahr 2001 informiert?
7. War jemand aus dem Bundeskanzleramt beim Pandemie-Planspiel Atlantic Storm im Jahr 2005?
8. Ist Ihnen bekannt welche Österreicher am Pandemie-Planspiel Atlantic Storm im Jahr 2005 teilgenommen haben?
9. Wie weit wurden österreichische Politiker über die Inhalte des Pandemie-Planspiels Atlantic Storm im Jahr 2005 informiert?
10. War jemand aus dem Bundeskanzleramt beim Pandemie-Planspiel „SPARS Pandemic 2025–2028" im Jahr 2017?
11. Ist Ihnen bekannt welche Österreicher am Pandemie-Planspiel „SPARS Pandemic 2025–2028" im Jahr 2017 teilgenommen haben?
12. Wie weit wurden österreichische Politiker über die Inhalte des Pandemie-Planspiels „SPARS Pandemic 2025–2028" im Jahr 2017 informiert?
13. War jemand aus dem Bundeskanzleramt beim Pandemie-Planspiel Clade-X im Jahr 2018?
14. Ist Ihnen bekannt welche Österreicher am Pandemie-Planspiel Clade-X im Jahr 2018 teilgenommen haben?
15. Wie weit wurden österreichische Politiker über die Inhalte des Pandemie-Planspiels Clade-X im Jahr 2018 informiert?
16. War jemand aus dem Bundeskanzleramt bei der Pandemie-Konferenz Wilton Park 2018 von NTI und dem Johns Hopkins Center for Health Security at the Bloomberg School of Public Health?
17. Ist Ihnen bekannt welche Österreicher an der Pandemie-Konferenz Wilton Park 2018 von NTI und dem Johns Hopkins Center for Health Security at the Bloomberg School of Public Health teilgenommen haben?

18. Wie weit wurden österreichische Politiker über die Inhalte der Pandemie-Konferenz Wilton Park 2018 von NTI und dem Johns Hopkins Center for Health Security at the Bloomberg School of Public Health informiert?
19. War jemand aus dem Bundeskanzleramt beim Pandemie-Planspiel bei der Münchner Sicherheitskonferenz im Jahr 2019?
20. Ist Ihnen bekannt welche Österreicher am Pandemie-Planspiel bei der Münchner Sicherheitskonferenz im Jahr 2019 teilgenommen haben?
21. Wie weit wurden österreichische Politiker über die Inhalte des Pandemie-Planspiels bei der Münchner Sicherheitskonferenz im Jahr 2019 informiert?
22. War jemand aus dem Bundeskanzleramt beim Pandemie-Planspiel Event 201 im Jahr 2019?
23. Ist Ihnen bekannt welche Österreicher am Pandemie-Planspiel Event 201 im Jahr 2019 teilgenommen haben?
24. Wie weit wurden österreichische Politiker über die Inhalte des Pandemie-Planspiel Event 201 im Jahr 2019 informiert?
25. War Ex-Bundeskanzler Kurz bei den Pandemie-Planspielen involviert?
    a. Falls ja, bei welchen?
    b. Falls ja, auf welche Weise?
26. Wie viele Impfungen gegen Schweinegrippe gab es im Jahr 2009 in Österreich?
27. Wie viele Impfungen gegen Schweinegrippe gab es seit 2010 in Österreich?
28. Wie viele Impfstoffdosen gegen Schweinegrippe wurden seit 2009 gekauft und aufgrund welcher Expertisen?
29. Wie viele Impfstoffdosen gegen Schweinegrippe sind derzeit auf Lager?
30. Wie viele Impfstoffdosen gegen Schweinegrippe mussten entsorgt werden (z.B. weil sie abgelaufen waren)?
31. Wie viel hat Österreich für die Impfstoffdosen gegen Schweinegrippe bezahlt?
32. Von welchen Herstellern hat man die Impfstoffe gegen Schweinegrippe gekauft?

Mehr braucht es als Parlamentarier in Österreich nicht, um von den Regierungsparteien und systemtreuen Medien verunglimpft zu werden! Wegen dieser Fragen entstand eine regelrechte Hetzkampagne gegen mich. So wollten mir die Grünen das parlamentarische Fragerecht, das sogenannte Interpellationsrecht, das jedem Abgeordneten zusteht, der fünf Unterschriften von anderen Mandataren einbringt, absprechen. Das Interpellationsrecht ist ein wichtiges Mittel der parlamentarischen Kontrolle. Damit können wir Abgeordnete Auskünfte von der Regierung verlangen. Es erschreckt mich sehr, dass man kritische Fragen unterbinden möchte und sie als „Missbrauch der Demokratie“ bezeichnet.[3]

E. BLIMLINGER R. SCHALLMEINER

FPÖ-Anfrage: Ein Missbrauch der Demokratie

Parlamentarische Anfragen sind ein wichtiges Kontrollinstrument. Stützt sich eine Partei jedoch auf Fake News und Desinformation, wird dieses Recht ins Lächerliche gezogen

Kommentar der anderen / Eva Blimlinger, Ralph Schallmeiner
26. Juli 2022, 06:00, 642 Postings

Im Gastkommentar ärgern sich die Nationalratsabgeordneten Eva Blimlinger und Ralph Schallmeiner von den Grünen über eine parlamentarische Anfrage der Freiheitlichen. Ihrer Ansicht nach kann aus demokratiepolitischen Gründen keine Auskunft erteilt werden.

Hat abwegige Fragen "betreffend Vorbereitung der Pandemie": Abgeordneter Gerald Hauser, hier mit seinem Parteichef Herbert Kickl im Parlament.

Quelle: FPÖ-Anfrage: Ein Missbrauch der Demokratie – Kommentare der anderen – derStandard.at › Diskurs

3 *FPÖ-Anfrage: Ein Missbrauch der Demokratie - Kommentare der anderen - derStandard.at › Diskurs*

oe24 POLITIK-LIVE

AKTUELL PARTEIEN AFFÄREN REGIERUNG HOFBURGWAHL MEINUN

POLITIK

Abstruse FPÖ-Anfrage sorgt für Kritik im Netz

Artikel teilen

Kommentare: 0

Derzeit sorgt eine skurrile parlamentarische Anfrage der Freiheitlichen Partei für Kopfschütteln und Kritik im Netz.

07.07.2022, 18:21

FPÖ-Eklat – "Pandemie von Eliten seit Jahren vorbereitet"

Der FPÖ-Abgeordnete Gerald Hauser sorgt mit seinen Aussagen immer wieder für Aufsehen.

Helmut Graf, Faksimile

Eine parlamentarische Anfrage der FPÖ stellt in den Raum, dass die Corona-Pandemie von langer Hand geplant wurde.

Quelle: FPÖ-Eklat – „Pandemie von Eliten seit Jahren vorbereitet" – Politik | heute.at

Quelle: Abstruse FPÖ-Anfrage sorgt für Kritik im Netz (oe24.at)

Eine Anfrage wird als skurril und abstrus bezeichnet, nur weil man sich als Politiker auf unangenehme Fakten bezieht. Einige sahen darin sogar einen Eklat! Das alternative Medium „Wochenblick" hat nicht vorverurteilt, sondern korrekt über meine Anfrage berichtet.[4]

Innenminister bestätigt die Planspiele

Mittlerweile hat jedoch der österreichische Innenminister Gerhard Karner die Pandemie-Planspiele bestätigt. Aber darüber berichteten nur wenige Medien! Und kein Medium, welches mich vorher durch den Kakao gezogen hat, hat sich bei mir für die Herabsetzungen und Angriffe entschuldigt. Haben die Redakteure und Parlamentskollegen die Antwort des Ministers einfach ausgeblendet?

4 *Österreichs Innenminister bestätigt Pandemie-Planspiele – Wochenblick.at*

Quelle: Österreichs Innenminister bestätigt Pandemie-Planspiele - Wochenblick.at

Die Antwort von Innenminister Gerhard Karner zu den Fragen 4 bis 15 sowie 22 bis 24 sah folgendermaßen aus: [5]

11010/AB
vom 12.08.2022 zu 11265/J (XXVII. GP)

1 von 5

bmi.gv.at

Bundesministerium
Inneres

Mag. Gerhard Karner
Bundesminister

Herrn
Präsidenten des Nationalrates
Mag. Wolfgang Sobotka
Parlament
1017 Wien

Geschäftszahl: 2022-0.443.763

Wien, am 9. August 2022

Sehr geehrter Herr Präsident!

Der Abgeordnete zum Nationalrat Mag. Gerald Hauser und weitere Abgeordnete haben am 14. Juni 2022 unter der Nr. **11265/J** an mich eine schriftliche parlamentarische Anfrage betreffend „Vorbereitung der Pandemie" gerichtet.

Diese Anfrage beantworte ich nach den mir vorliegenden Informationen wie folgt:

Quelle: Verhandlungsgegenstände je Person | Parlament Österreich

5 *Verhandlungsgegenstände je Person | Parlament Österreich*

„In den USA wurden in diesem Jahrtausend in vier Planspielen (Atlantic Storm, Clade X, Event 201 und SPARS Pandemic 2025-2028) eine Pandemie simuliert, um aufzuzeigen, welche Kommunikationsdilemmata betreffend medizinischer Maßnahmen entstehen könnten. Das Bundesministerium für Inneres war von diesen Planspielen weder informiert, noch hat ein Vertreter des Bundesministeriums für Inneres, schon allein mangels Zuständigkeit, daran teilgenommen."

Der Innenminister äußerte sich in seiner Antwort auch zum Fragerecht eines Mandatars:

„Das parlamentarische Interpellationsrecht ist **ein wesentliches in der Bundesverfassung und in der Geschäftsordnung des Nationalrates verankertes Kontrollinstrument**, das sich auf den Kompetenz-, Ingerenz- und Verantwortungsbereich der Bundesregierung innerhalb der Vollziehung des Bundes bezieht. Das parlamentarische Interpellationsrecht beschränkt sich daher auf jene Bereiche, in denen ein Weisungs-, Aufsichts- oder Informationsrecht des zuständigen Bundesministers bzw. der zuständigen Bundesministerin besteht, ihm unterliegen daher nur Handlungen und Unterlassungen im Vollzugsbereich der jeweiligen Bundesministerien. Da diese Fragen jedoch keinen Gegenstand der Vollziehung des Bundesministeriums für Inneres betreffen, sind sie im Sinne des Art. 52 Bundes-Verfassungsgesetz in Verbindung mit § 90 Geschäftsordnungsgesetz 1975 keiner Beantwortung durch mich als Bundesminister für Inneres zugänglich."

Fragerecht ist ohne Ausnahme ein wichtiges demokratisches Kontrollinstrument

In seinem Antwortschreiben habe ich extra einen Teil fett markiert, denn hier stellt sich Gerhard Karner eindeutig auf die Seite des demokratischen Rechts. Es ist wie Minister Karner schreibt „ein wesentliches in der Bundesverfassung und in der Geschäftsordnung des Nationalrates verankertes Kontrollinstrument“ und Recht, Fragen an die Minister, an den Parlamentspräsidenten und an die Ausschussobleute zu stellen. - Der Parlamentspräsident hat übrigens nicht wie die Minister eine Acht-Wochen-Frist zur Beantwortung. Er kann sich so viel Zeit nehmen, wie er will. Und das war wohl notwendig. Parlamentspräsident Wolfgang Sobotka hat ganze dreieinhalb Monate gebraucht, um die oben gestellten Fragen zu beantworten.

Laut den Antworten auf meine Anfragen waren keine österreichischen Politiker oder Beamte bei den Planspielen dabei. Gerne sieht es aber anscheinend weder die österreichische noch die deutsche Regierung, dass die Bürger etwas über die Pandemie-Planspiele erfahren und wissen, welcher Politiker daran teilnimmt. Die Mainstream-Medien und Abgeordnetenkollegen hatten, schaut man sich die Kampagne gegen mich an, vermutlich auch keine Ahnung von diesen Planspielen. Sonst hätten sie meine Anfrage wohl kaum als „auf Falschmeldungen und Desinformation basierend“ bezeichnet. Es fehlt also an politischer Transparenz bezüglich der Pandemie-Planspiele und -Vorbereitungen. Und es ist unsere Aufgabe, diese mit solchen Anfragen einzufordern. Wir brauchen ein gesundes Misstrauen als Demokraten und müssen hinter die Kulissen schauen.

Ich setze darauf, dass die Antworten unseres Innenministers letztlich doch zur Kenntnis genommen werden und die demokratische Vernunft siegt. Über eine Entschuldigung würde ich mich natürlich immer noch freuen. Ein höflicher Umgang ist unter Kollegen sehr wichtig und ich selbst achte sehr darauf, allen meinen Abgeordnetenkollegen respektvoll zu begegnen.

Aus Deutschland wissen wir, dass einige wichtige deutsche Akteure bei diversen Planspielen für eine weltweite Pandemie dabei waren. „Wochenblick" berichtete:[6]

> ## Deutschlands Corona-Masterminds waren dabei
>
> Bei den Planspielen waren nachweislich wesentliche politische Akteure zu Gast, wie etwa der **Chef des Robert Koch Instituts Lothar Wieler** oder **Deutschlands Hauptverantwortlicher in Corona-Fragen, Heiko Rottmann-Großner.** Sein Auftritt als solcher wurde nach einem kritischen Wochenblick-Artikel übrigens sang- und klanglos von der Seite der Deutschen Bundeswehr gelöscht. Und ebenso spurlos sollte die Frage nach der Beteiligung österreichischer Politiker verschwinden, wenn es nach dem Mainstream geht.

Quelle: Österreichs Innenminister bestätigt Pandemie-Planspiele - Wochenblick.at

Aber auch in Deutschland möchte man Planspiele und Teilnehmer nicht publik machen. Man fragt sich in diesem Zusammenhang natürlich: Warum? Geschieht bei den Planspielen etwas, das man verbergen möchte?

6 *Österreichs Innenminister bestätigt Pandemie-Planspiele - Wochenblick.at*

2. Behauptung: COVID-19 ist viel gefährlicher als die Grippe

Diese Behauptung ist falsch.

Eines gleich vorweg: Eine Infektion mit dem SARS-Cov-2-Virus kann Krankheitssymptome verursachen und tödlich sein.

Der frühere österreichische Bundeskanzler Sebastian Kurz behauptete im März 2020, dass „bald jeder von uns jemanden kennen wird, der an Corona gestorben ist".[7] Stellungnahmen, in denen COVID-19 mit der Grippe verglichen wurde, wurden als „Verharmlosung" bezeichnet. COVID-19 wurde von Politik und Medien als „viel gefährlicher als die Grippe" eingestuft.[8,9]

Sterblichkeit bei COVID-19 von Anfang an vergleichbar mit der Grippe

John Ioannidis, eine Ikone der Qualitätsforschung in der Medizin und einer der meistzitierten und angesehensten Wissenschaftler und Epidemiologen weltweit, setzt sich seit Jahren vehement für exzellente und evidenzbasierte, auf Fakten beruhende, Wissenschaft ein. Seine Publikation "Why Most Published Research Findings Are False" (Warum die meisten

7 *https://www.kleinezeitung.at/politik/innenpolitik/5793215/Bundeskanzler-Sebastian-Kurz_Bald-wird-jeder-von-uns-jemanden*

8 *https://www.rbb24.de/panorama/thema/2020/coronavirus/beitraege/behauptungen-geruechte-fragen-argumente.html*

9 *https://www.br.de/nachrichten/wissen/warum-covid-19-gefaehrlicher-ist-als-grippe-ein-faktenfuchs,SYWR1Ye*

veröffentlichten Forschungsergebnisse falsch sind) war die meistgelesene wissenschaftliche Publikation in der Public Library of Science, mit aktuell 2.885.730 Lesern.[10] Die Grundaussage dieses wissenschaftlichen Beitrags: Veröffentlichte Forschungsdaten sind sehr oft nur Messungen des Vorurteils der Autoren. Eine Aussage, die gerade jetzt bei der Vielzahl von widersprüchlichen Publikationen zu COVID-19 aktueller ist denn je.

Bereits 2020 berechnete Professor Ioannidis die Sterblichkeit nach einer Infektion mit COVID-19 sehr genau. Dabei ergab sich, dass die Infektionssterblichkeit je nach Land variiert, aber in den meisten Ländern mit angemessenen Sicherheitsmaßnahmen lediglich bei durchschnittlich 0,27 Prozent liegt.[11] Diese Publikation erschien im Bulletin der Weltgesundheitsorganisation (WHO). Die von John Ioannidis veröffentlichten Zahlen sind also seitdem offiziell.[12]

Die gemeldeten Todesfälle können bei den jährlichen Grippewellen stark variieren, mit veröffentlichten Sterblichkeiten bis zu ein Prozent.[13] In einer „normalen" Grippesaison geht man von rund 0,1 bis 0,2 Prozent Todesfällen aus.[14] Bei den jährlichen Grippewellen sterben in Österreich bis zu 6.000 Menschen[15]. Als in Dänemark im April 2020 Blutspender auf Coronavirus-Antikörper getestet wurden, lag die Todesrate für COVID-19 bei nur 0,16 Prozent, während die WHO die Sterblichkeit – völlig übertrieben – auf ein bis drei Prozent

---

10 *https://journals.plos.org/plosmedicine/article?id=10.1371/journal.pmed.0020124*

11 *https://apps.who.int/iris/bitstream/handle/10665/340124/PMC7947934.pdf?sequence=1&isAllowed=y*

12 *https://apps.who.int/iris/bitstream/handle/10665/340124/PMC7947934.pdf?sequence=1&isAllowed=y*

13 *https://www.bmj.com/content/371/bmj.m4509/rr*

14 *https://www.anaesthesie.news/aktuelles/mortalitaetsvergleich-von-influenza-und-sars-cov-2-ist-die-grippe-fast-dasselbe-wie-covid-19/*

15 *https://sciencev1.orf.at/science/news/96097*

schätzte.[16] Die Daten widersprachen also bereits 2020 der Behauptung, dass die Sterblichkeit bei COVID-19 viel höher sei als bei Influenza. Sie war bereits damals ungefähr gleich.

Jedes Jahr endet laut Robert-Koch-Institut eine Grippeinfektion für bis zu 25.000 Menschen in Deutschland tödlich.[17] Das Gesundheitssystem war schon lange vor COVID-19 Winter für Winter überlastet[18]. Das interessierte bis 2020 aber niemanden besonders. Jahr für Jahr wurde weiter gespart, wurden Intensivbetten und Personal reduziert, Krankenhäuser geschlossen. Während die Sterblichkeit in einer „normalen" Grippewelle also bei rund rund 0,1 Prozent liegt, betrug sie während der Spanischen Grippe 1918/19 nach Schätzungen bis zu 10 Prozent. Diese Grippe-Pandemie war wirklich verheerend, sie ist mit COVID-19 überhaupt nicht annähernd vergleichbar.

Zusammenfassend kann man sagen, dass SARS-Cov-2 nie viel tödlicher als die Grippe war. Jahrelang wurde von Politik und Mainstream-Medien schlichtweg Panik verbreitet, wurde den Leuten gezielt Angst gemacht.

COVID-19: Viele Infizierte, relativ niedrige Infektionssterblichkeit

Die meisten Menschen haben bei einer Infektion mit SARS-CoV-2 keine oder nur leichte Symptome. Eine Studie aus den USA zeigt, dass nur 13 bis 18 Prozent aller Infizierten Symptome entwickeln.[19] Die Royal Society berechnete, dass etwa

16 *https://www.dr.dk/nyheder/indland/doedelighed-skal-formentlig-taelles-i-promiller-danske-blodproever-kaster-nyt-lys*

17 *https://www.rki.de/SharedDocs/FAQ/Influenza/FAQ_Liste.html*

18 *https://www.bz-berlin.de/archiv-artikel/die-intensivstationen-waren-auch-vor-corona-schon-am-limit*

19 *https://www.pnas.org/content/pnas/118/9/e2019716118.full.pdf*

6,2 Mal so viele Menschen infiziert waren als in den offiziellen Zahlen der Regierungen und der WHO festgestellt worden war.[20] Das bedeutet, dass ein Großteil der Bevölkerung in Deutschland und Österreich die Infektion bereits durchgemacht hat, ohne es überhaupt bemerkt zu haben. Die offiziell veröffentlichten Infektionszahlen der AGES, des Robert Koch Instituts und der WHO sind also unvollständig und viel zu niedrig. Das ist das „Erfolgsrezept" des SARS-CoV-2-Virus. Es verbreitet sich deshalb besonders gut, weil es ansteckend ist, nur ein kleiner Bruchteil der Infizierten schwer erkrankt oder gar stirbt und die meisten Infizierten gar nicht merken, dass sie infiziert sind.

Die Grippe ist gefährlicher als COVID-19

Die Sterblichkeit bei der Omikron-Variante ist, je nach Studie, noch einmal um bis zu 91 Prozent geringer.[21] Mitte März 2022 zeigten Zahlen der Nationalen Statistikbehörde in Großbritannien, dass das Coronavirus für die Mehrheit der Bevölkerung weniger tödlich ist als die Virusgrippe. Nach einer Auswertung der „Financial Times" war in England der Anteil tödlicher Krankheitsverläufe bei Corona-Infizierten kleiner als bei der saisonalen Grippe. Diese verläuft bei etwa 0,04 Prozent der Erkrankten tödlich. Bei Covid-19 waren es 0,035 Prozent.[22] Das Risiko, im Jahr 2022 an der Grippe zu sterben, ist also höher als an einer Infektion mit SARS-COV-2. Der frühere Chef-Infektiologe der österreichischen staatlichen Gesundheitsagentur Univ.Prof. Franz Allerberger brachte es kürzlich ganz einfach auf den Punkt: „Die Grippe ist gefährlicher als Corona".[23]

---

20 *https://royalsocietypublishing.org/doi/10.1098/rsos.200909*

21 *https://tropeninstitut.de/aktuelle-krankheitsmeldungen/31.12.2021-welt-omikron*

22 *https://www.br.de/nachrichten/wissen/corona-und-grippe-aehnlich-gefaehrlich-aber-nicht-gleich,T2hbIHk*

23 *https://www.profil.at/oesterreich/umstrittener-infektiologe-die-grippe-ist-gefaehrlicher-als-corona/402248583*

Durchschnittsalter der COVID-19 Toten: 81 Jahre

Die gute Nachricht ist, dass das individuelle Risiko an einer COVID-19 Infektion zu sterben mittlerweile deutlich geringer ist als bei einer Influenza-Infektion. Für mehr als 99,9 Prozent der Bevölkerung ist eine COVID-19-Infektion nicht tödlich. Dabei ist das Risiko bei Älteren und Vorerkrankten natürlich höher, bei Jüngeren und Gesunden aber noch viel geringer.[24] Bei den Altersgruppen bis 54 Jahre ist das Sterberisiko Null pro hunderttausend Infizierte, bei Männern zwischen 45 und 54 Jahren 0,1 pro hunderttausend Erkrankten – mit anderen Worten statistisch faktisch vernachlässigbar.[25] Drei Viertel der COVID-19-Toten sind älter als 75 Jahre. Das Durchschnittsalter der Verstorbenen liegt bei 81 Jahren.[26] COVID-19 ist überspitzt formuliert eine Krankheit, an der ganz überwiegend alte, kranke Männer sterben.

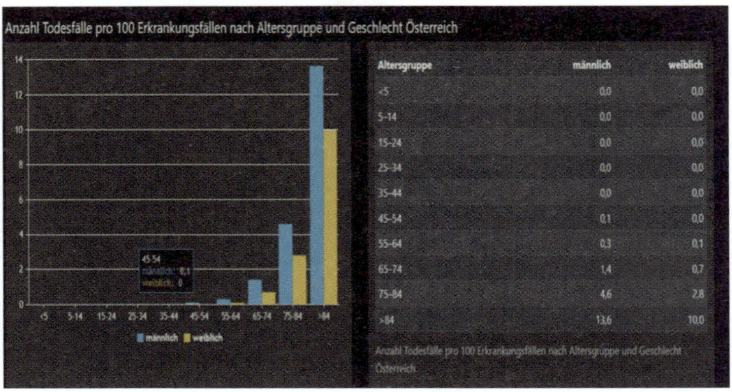

Altersgruppe	männlich	weiblich
<5	0,0	0,0
5-14	0,0	0,0
15-24	0,0	0,0
25-34	0,0	0,0
35-44	0,0	0,0
45-54	0,1	0,0
55-64	0,3	0,1
65-74	1,4	0,7
75-84	4,6	2,8
>84	13,6	10,0

Anzahl Todesfälle pro 100 Erkrankungsfällen nach Altersgruppe und Geschlecht Österreich

Quelle: https://covid19-dashboard.ages.at/dashboard_Tod.html (30. September 2022)

24 *https://www.rki.de/DE/Content/InfAZ/N/Neuartiges_Coronavirus/Risikogruppen.html*

25 *https://covid19-dashboard.ages.at/dashboard_Tod.html*

26 *https://www.derstandard.at/story/2000134421848/was-die-corona-toten-ueber-die-politik-verraten*

Gesundheitssystem hat keine Reserven

Und dennoch waren und sind diese absoluten Zahlen ein Problem für unsere Gesundheitswesen, denn Österreich und Deutschland haben keine medizinischen Reserven. Krankenhaus- und Intensivbetten sind sehr schnell aus- und überlastet. Der Ärztemangel und Pflegenotstand geben dem Gesundheitssystem gerade den Rest. Es braucht nur einige hundert beziehungsweise tausend intensivpflichtige COVID-19-Patienten in Österreich oder Deutschland, und unsere Gesundheitssysteme kollabieren. Der Chef des Departments Innere Medizin der Universitätsklinik Innsbruck brachte es kurz und prägnant auf den Punkt: „Wir sind in der Bredouille, aber nicht wegen Covid".[27] Man möchte sich gar nicht vorstellen, was los wäre, wenn SARS-CoV-2 tatsächlich ein Virus mit einer höheren Sterblichkeit wäre.

Datensalat

Ein weiterer wichtiger Punkt ist, dass die offiziellen Zahlen der an COVID-19-Verstorbenen nicht stimmen, denn viele COVID-19-Tote sind nicht an, sondern mit COVID-19 gestorben. Professor Dr. Bertram Häussler, der Leiter des IGES-Instituts in Berlin, erklärte bereits 2021 in einem Interview in der Zeitung „Die Welt", dass die Sterbestatistik zunehmend verzerrt ist und Corona bei 80 Prozent der COVID-Toten nicht die Todesursache war.[28] Der Evaluationsbericht des Sachverständigenausschusses der deutschen Regierung stellte am 30. Juni 2022 dezidiert fest, dass es massive Unzulänglichkeiten bei der Datenerhebung gab. Dies betrifft auch so wichtige Daten wie Infektionsraten, Todesfälle, Dunkelziffern, Immuni-

---

27 *https://www.tt.com/artikel/30825041/klinik-chef-weiss-wir-sind-in-der-bredouille-aber-nicht-wegen-covid*

28 *https://www.welt.de/politik/deutschland/plus233426581/Seit-Juli-2021-Corona-bei-80-Prozent-der-offiziellen-Covid-Toten-wohl-nicht-Todesursache.html*

tätsstatus, Vorerkrankungen, Hospitalisierungsraten und den Anteil genesener beziehungsweise geimpfter Personen. Alle diese Daten stehen also nicht zur Verfügung.[29] Im April 2022 wurden plötzlich vom österreichischen Gesundheitsministerium über 3.400 COVID-19-Tote „nachgemeldet" – ein mehr als peinliches Datenchaos.[30] Unbestreitbares Faktum ist, dass bis dato niemand sagen kann, wie viele Menschen in Österreich oder Deutschland tatsächlich an oder mit COVID-19 gestorben sind. Man weiß nicht, bei wie vielen der offiziellen COVID-19-Toten die Infektion mit dem SARS-CoV-2-Virus die Todesursache war oder einfach eine Nebendiagnose. Eine genaue Unterscheidung ist schwierig bis unmöglich.[31]

Es herrschte keine besondere „epidemische Notlage"

Alle Maßnahmen der Regierungen in Europa (Lockdowns, Masken, Impfpflichten, etc.) wurden damit begründet, dass angeblich eine besonders gefährliche „epidemische Notlage" vorlag.[32] Die Sterblichkeit bei einer COVID-19-Infektion war aber von allem Anfang an ungefähr die gleiche wie bei der Grippe, jetzt ist sie sogar noch geringer. Die verantwortlichen Regierungen hatten aber solche drastischen Maßnahmen bei den Grippe-Wellen zuvor nie für notwendig erachtet. Das lässt einen einfachen Schluss zu: Entweder wurde die Grippe über hundert Jahre bagatellisiert und verharmlost – oder COVID-19 maßlos übertrieben. Es bleibt jedem selbst überlassen zu entscheiden, welche der beiden Varianten er für zutreffend hält.

---

29 *https://www.bundesgesundheitsministerium.de/fileadmin/Dateien/3_Downloads/S/Sachverstaendigenausschuss/220630_Evaluationsbericht_IFSG_NEU.pdf*

30 *https://www.derstandard.at/story/2000135068205/corona-tote-nachmeldungen-betreffen-auch-2020*

31 *https://www.zdf.de/nachrichten/politik/corona-todeszahlen-statistik-gestorben-mit-100.html*

32 *https://www.deutschlandfunk.de/coronamassnahmen-in-deutschland-was-das-ende-der-100.html*

Die Weltbank schätzt, dass die Corona-Pandemie die Zahl der Menschen, die in extremer Armut leben, um etwa 100 Millionen erhöht hat. Laut Armutsbericht des Paritätischen Gesamtverbands erreichte die Armut in Deutschland mit einer Armutsquote von 16,6 Prozent im zweiten Corona-Jahr (2021) einen traurigen neuen Höchststand. 13,8 Millionen Menschen müssen in Deutschland derzeit zu den Armen gerechnet werden, 600.000 mehr als vor dem Ausrufen der Pandemie. Der Paritätische Gesamtverband rechnet angesichts der aktuellen Inflation mit einer weiteren Verschärfung der Lage.[33]

Das liegt nicht an COVID-19. Das liegt an den drakonischen Maßnahmen, die die Politik eingeführt hat. Diese traurige Tatsache wird von den Mainstream-Medien und den Regierungen weiter totgeschwiegen.

---

33 *https://www.der-paritaetische.de/themen/sozial-und-europapolitik/armut-und-grundsicherung/armutsbericht-2022/*

3. Behauptung: Die COVID-19-Antigenschnelltests sind sicher und genau

Die Regierung bezeichnete Österreich gerne als Testweltmeister.[34] Für COVID-19-Tests wurden in Österreich sage und schreibe vier Milliarden Euro ausgegeben.[35] Dabei war immer schon höchst umstritten, was die Massen-Tests wirklich brachten[36,37] , und über Risiken wurde bislang so gut wie nicht in den Mainstream-Medien gesprochen.

Die Teströhrchen der Antigen-Schnelltests enthalten giftige Substanzen

In einer Laboranalyse der Unternehmerplattform „WirEMUs“ wurden die giftigen Stoffe Triton X-100 und Natriumazid in Antigen-Schnelltests gefunden.[38] Diese Giftstoffe waren in den Flüssigkeiten in den Teströhrchen enthalten. Somit kamen die Patienten damit normalerweise nicht in Kontakt – wohl aber bestand ein Risiko für die Tester und alle Personen, die mit den Teströhrchen arbeiten mussten. Vor allem in

34 *https://www.derstandard.at/story/2000124663641/oesterreich-ist-corona-testweltmeister-aber-bringt-das-wirklich-viel*

35 *https://www.oe24.at/oesterreich/politik/corona/corona-tests-kosteten-bis-jetzt-rund-4-milliarden-euro/535302476*

36 *https://www.addendum.org/coronavirus/testen-testen-testen-ein-irrtum/*

37 *https://www.derstandard.at/story/2000124015425/was-die-corona-tests-an-den-schulen-fragwuerdig-macht*

38 *https://www.ots.at/presseaussendung/OTS_20221108_OTS0009/aviso-pkweitere-laborbefunde-zu-giftigen-inhaltsstoffen-in-chinesischen-antigen-schnelltests-erkenntnisse-aus-faktenchecks*

Schulen, Betrieben und Wohnzimmern wurde zumeist ohne schützende Handschuhe mit den Teströhrchen – und damit den Giftstoffen – hantiert.

Sicherheitsdatenblatt
gemäss Verordnung (EG) Nr. 1907/2006 (REACH)

ROTH

TRITON® X 100 reinst

Artikelnummer: **3051**

Telefax: -
E-Mail: info@carlroth.ch
Webseite: www.carlroth.ch

ABSCHNITT 2: Mögliche Gefahren

2.1 Einstufung des Stoffs oder der Zubereitung

Einstufung gemäss Verordnung (EG) Nr. 1272/2008 (CLP)

Abschnitt	Gefahrenklasse	Kategorie	Gefahrenklasse und -kategorie	Gefahrenhinweis
3.1O	Akute Toxizität (oral)	4	Acute Tox. 4	H302
3.3	Schwere Augenschädigung/Augenreizung	1	Eye Dam. 1	H318
4.1C	Gewässergefährdend (chronische aquatische Toxizität)	2	Aquatic Chronic 2	H411

Voller Wortlaut der Abkürzungen in ABSCHNITT 16

Die wichtigsten schädlichen physikalisch-chemischen Wirkungen, Wirkungen auf die menschliche Gesundheit und die Umwelt

Ein Verschütten und Löschwasser kann zu einer Umweltverschmutzung der Gewässer führen.

Quelle: Auszug aus dem Sicherheitsdatenblatt von Triton X 100.

Triton x-100 kann unter anderem Augenschädigungen und allergische Reaktionen auslösen, Natriumazid Lähmungen des Sehnervs und Ohnmachtsanfälle.[39,40,41]

---

39 *https://www.carlroth.com/medias/SDB-3051-CH-DE.pdf?context=bWFzdGVyfHNlY3VyaXR5RGF0YXNoZWV0c3wyOTc5NzN8YXBwbGljYXRpb24vcGRmfHNlY3VyaXR5RGF0YXNoZWV0cy9oOWYvaDVjLzkwOTEzNjYzODc3NDIucGRmfDFmNWZiYzQyZTJlYjhhZjVhNmU4NmYwY2I3NmUwZGJjOWVmNzU1NTc4NjAzMGI3MWJjNmZiYzA1YzAyMmE5Yjk*

40 *https://www.carlroth.com/medias/SDB-4221-AT-DE.pdf?context=bWFzdGVyfHNlY3VyaXR5RGF0YXNoZWV0c3wzNTU2NjJ8YXBwbGljYXRpb24vcGRmfHNlY3VyaXR5RGF0YXNoZWV0cy9oNjcvaDZjLzkwODA3MjgzMjIwNzgucGRmfDRmN2EwOTBkMTIwMDA3MzlhNTU2YTc1YTZmZjY1OTVmYjI0NWJkMzYzMDc4N2M0Mjk3MzViNjNmNzA0NDI4YzU*

41 *https://www.kleinezeitung.at/lebensart/gesundheit/6199766/Faktencheck_Natriumazid-und-Triton-X100_Ist-die-Fluessigkeit-in*

Sicherheitsdatenblatt
gemäß Verordnung (EG) Nr. 1907/2006 (REACH)

ROTH

Natriumazid ≥98 %, zur Synthese

Artikelnummer: **4221**

Gefahrenhinweise

H300+H310+H330	Lebensgefahr bei Verschlucken, Hautkontakt oder Einatmen
H373	Kann die Organe schädigen (Gehirn) bei längerer oder wiederholter Exposition
H410	Sehr giftig für Wasserorganismen mit langfristiger Wirkung

Sicherheitshinweise

Sicherheitshinweise - Prävention

P270	Bei Gebrauch nicht essen, trinken oder rauchen
P273	Freisetzung in die Umwelt vermeiden
P280	Schutzhandschuhe/Schutzkleidung tragen

Quelle: Auszug aus dem Sicherheitsdatenblatt von Natriumazid

Beide Stoffe sind bereits bei Hautkontakt giftig. Dass medizinische Laien zu Hause, Lehrer und Kinder in Schulen und Arbeitnehmer in Betrieben mit den Teströhrchen sorglos „herumfummelten“, ohne Schutz, und ohne zu wissen, dass die Teströhrchen hochgiftige Stoffe enthalten („Lebensgefahr bei Verschlucken, Hautkontakt oder Einatmen“), ist nur mehr als Wahnsinn zu bezeichnen.

„Faktenchecker“ gaben Entwarnung

Schnell bemühte man sich um eine Entwarnung von offizieller Seite. Laut Angaben des österreichischen Bundesamts für Sicherheit im Gesundheitswesen (BASG) und der DGUV (Deutsche Gesetzliche Unfallversicherung) ist die Menge der toxischen Substanzen in den Testlösungen so gering, dass es angeblich zu keinen Schädigungen kommen kann. Dennoch sollten „idealerweise“ weder Kinder noch Erwachsene mit der Flüssigkeit in Berührung kommen. [42] Man versucht also nach wie vor das Sicherheitsproblem zu bagatellisieren.

42 *https://www.mimikama.at/giftige-fluessigkeit-covid-19-antigen-tests/*

Gefährlicher Giftstoff auch in den Teststäbchen

Doch nicht nur die Testflüssigkeiten, auch die Teststäbchen, mit denen in den Nasen-Rachen-Räumen der Getesteten jahrelang "herumgestochert" wurde, enthalten eine hochgiftige Substanz, nämlich Ethylenoxid. Dieses farbloses Gas wird als Desinfektionsmittel verwendet.[43] Es kann Krebs und Erbgutschäden verursachen. Außerdem ist es beim Einatmen, in den Augen, auf der Haut und in den Atemwegen giftig. Wieder hieß es bisher, dass die Mengen so gering sein sollen, dass keine Gefahr besteht. Das Risiko wurde bisher als „absolut vernachlässigbar bezeichnet".[44]

---

43 *https://produkte.linde-gas.at/sdb_konform/C2H4O_10021703DE.pdf*

44 *https://www.oekotest.de/gesundheit-medikamente/Corona-Teststaebchen-Enthalten-sie-einen-krebserregenden-Stoff_11869_1.html*

Making our world more productive

Linde

SICHERHEITSDATENBLATT

Ethylenoxid

Erstellt Am:	16.01.2013	Version: 3.0	SDS Nr.: 000010021703
Überarbeitet am:	29.03.2021		2/21

Chemisch instabile Gase	Kategorie A	H230: Kann auch in Abwesenheit von Luft explosionsartig reagieren.
Gase unter Druck	Verflüssigtes Gas	H280: Enthält Gas unter Druck; kann bei Erwärmung explodieren.

Gesundheitsgefahren

Akute Toxizität (Verschlucken)	Kategorie 3	H301: Giftig bei Verschlucken.
Akute Toxizität (Einatmen - Gas)	Kategorie 3	H331: Giftig bei Einatmen.
Ätzwirkung auf die Haut	Kategorie 1A	H314: Verursacht schwere Verätzungen der Haut und schwere Augenschäden.
Schwere Augenschädigung	Kategorie 1	H318: Verursacht schwere Augenschäden.
Keimzellmutagenität	Kategorie 1B	H340: Kann genetische Defekte verursachen.
Karzinogenität	Kategorie 1B	H350: Kann Krebs erzeugen.
Fortpflanzungsgefährdend	Kategorie 1B	H360Fd: Kann die Fruchtbarkeit beeinträchtigen. Kann vermutlich das Kind im Mutterleib schädigen.
Spezifische Zielorgan-Toxizität - bei Einmaliger Exposition	Kategorie 3	H336: Kann Schläfrigkeit und Benommenheit verursachen. H335: Kann die Atemwege reizen.
Spezifische Zielorgan-Toxizität - bei Wiederholter Exposition	Kategorie 1[1]	H372: Schädigt die Organe bei längerer oder wiederholter Exposition.

Zielorgane

1. Zentralnervensystem

Quelle: Auszug aus dem Sicherheitsdatenblatt von Ethylenoxid

Dem Unternehmensbündnis „Wir-EMUs" liegen aber Laborbefunde vor, welche für Teststäbchen in Antigen-Tests, PCR-Tests oder Lolli-Tests Werte aufweisen, die um mehr als das Tausendfache über den Grenzwerten für Nahrungsmittel liegen.[45] Sollten vereinzelte Test-Kits wirklich in diesem Ausmaß verunreinigt sein, besteht akute Gefahr. Denn dann haben sich womöglich Millionen Österreicher und Deutsche – Alte, Junge, Kinder, Kranke, Schwangere, Stillende – dieses Gift zeitweise oft mehrfach pro Woche direkt in die Nasen- oder Mundschleimhaut gerieben.

45 *AVISO PK:Weitere Laborbefunde zu giftigen Inhaltsstoffen in chinesischen Antigen-Schnelltests & Erkenntnisse aus Faktenchecks | Wir EMUs, 08.11.2022 (ots.at)*

Nicht überwacht und geprüft

Auf der Homepage des Bundesamtes für Sicherheit im Gesundheitswesen steht wörtlich: „Die Einbindung des Bundesamtes für Sicherheit im Gesundheitswesen (BASG) als Marktüberwachungsbehörde ist vor Vermarktung von COVID-19-Tests nicht vorgesehen. Es erfolgt auch keine „Zertifizierung"/Validierung/Verifizierung von COVID-19-Tests im Rahmen des Konformitätsbewertungsverfahrens oder nach der Inverkehrbringung durch das BASG.

Eine Zuständigkeit des BASG für COVID-19-Tests ist nach Vermarktung der Tests im Rahmen der Marktaufsicht und der Vigilanz gegeben. Im Rahmen dieser Zuständigkeit überprüft das BASG Verdachtsmomente, die auf eine Nichtkonformität der Tests hindeuten und setzt Maßnahmen (beispielsweise Nachforderungen im Rahmen des Ermittlungsverfahrens oder Untersagung der Vermarktung), um die geforderte Konformität sicherzustellen."[46]

Mit anderen Worten: Die COVID-19-Tests wurden vor der Anwendung von den österreichischen Behörden nicht überprüft. Erst wenn im Nachhinein der Verdacht auf eine „Nichtkonformität" besteht, laufen Ermittlungen an. Bis heute weigern sich aber die Behörden, vor allem billige chinesische Tests vollständig und flächendeckend auf tatsächliche Inhaltsstoffe zu testen.[47] Man vertraut bisher den Herstellern blind. Motto: „Wird schon nix passieren".

---

46 *https://www.basg.gv.at/fuer-unternehmen/medizinprodukte/covid-19?sword_list%5B0%5D=schutzmasken&cHash=71c575d6f9aa49b44966ef931ad142cc*

47 *https://www.ots.at/presseaussendung/OTS_20221108_OTS0009/aviso-pkweitere-laborbefunde-zu-giftigen-inhaltsstoffen-in-chinesischen-antigen-schnelltests-erkenntnisse-aus-faktenchecks*

Keine Sicherheitsstandards

Viele Antigen-Schnell- und Selbsttests sind nicht unabhängig geprüft oder schneiden in Checks nicht besonders gut ab.[48] Doch zunehmend wird auch immer klarer, dass sie giftige Substanzen enthalten können, teilweise in gesundheitsgefährdenden Konzentrationen. Welche Tests welche Giftstoffe in welcher Menge enthalten, wurde nicht flächendeckend überprüft und kontrolliert. Es ist nach wie vor nicht bekannt.

Auch bei den COVID-19-Tests zeigt sich wieder einmal, dass in der COVID-19-Pandemie Standard-Sicherheitsprozeduren, die die moderne Medizin in Jahrzehnten entwickelt hatte, einfach über Bord geworfen wurden. Das hat unabsehbare Folgen für die Gesundheit der gesamten Bevölkerung und unserer Kinder. Es ist inakzeptabel und unverantwortlich, dass keine COVID-19-Tests verwendet wurden und werden, die überprüft sind und laufend kontrolliert werden.

---

48 *https://www.tagesschau.de/inland/corona-schnelltests-zuverlaessigkeit-101.html*

4. Behauptung: Lockdowns sind alternativlos

Fakt ist: Diese Behauptung ist falsch.

Die österreichische Bunderegierung verhängte im November 2020 einen weiteren kompletten Lockdown.[49] Vizekanzler Werner Kogler resümierte damals, dass es notwendig sei, das Leben drastisch einzuschränken. Es gehe jetzt darum, Leben zu retten, „vielleicht sogar das eigene Leben“. Der Vizekanzler meinte damals, dass der Zustand in den Krankenhäusern „bereits besorgniserregend“ sei. Man wolle mit dem Lockdown eine Überlastung des Gesundheitssystems verhindern.

Der bayrische Ministerpräsident Markus Söder bezeichnete den harten Lockdown in Deutschland ab dem 16. Dezember 2020 als „alternativlos“.[50] Seit Beginn der Pandemie beschworen Regierungspolitiker und Mainstream-Medien immer und immer wieder eine „Überlastung der Intensivstationen“, die nur mit Lockdowns zu verhindern sei.[51] Dabei wurden die Intensivbetten-Zahlen teilweise manipuliert.[52]

---

49 *https://www.bundeskanzleramt.gv.at/bundeskanzleramt/nachrichten-der-bundesregierung/2020/bundeskanzler-kurz-helfen-wir-zusammen-und-schaffen-wir-die-trendwende.html*

50 *https://www.zeit.de/news/2020-12/13/soeder-harter-lockdown-alternativlos-in-corona-katastrophe?utm_referrer=https%3A%2F%2Fwww.startpage.com%2F*

51 *https://www.diepresse.com/6061567/oesterreichs-intensivstationen-droht-ueberlastung*

52 *https://www.stern.de/politik/deutschland/intensivbetten-betrug--das-ist-freiheitsberaubung-30567954.html*

Schweden handelte sinnvoll

Ein Land in Europa hat in der gesamten Zeit der Pandemie keinen einzigen Lockdown eingeführt: Schweden. Zunächst wurde Schweden als Negativ-Beispiel hingestellt, die dortige Regierung als verantwortungslos um nicht zu sagen „verrückt“, bezeichnet.[53]

Ein Vergleich der Todeszahlen zwischen Deutschland, Schweden und Österreich zeigt, dass Schweden vergleichsweise gut durch die COVID-19-Pandemie gekommen ist. Schweden, das im Übrigen auch wesentlich weniger testete und kaum Beschränkungen hatte – sogar bei Rettungssanitätern und in Krankenhäusern gab es keine Maskenpflicht – hat bis jetzt weniger COVID-19-Tote als Österreich, obwohl die Bevölkerung dort deutlich größer ist.[54] Im Vergleich zu Deutschland ist die Anzahl der Toten pro Kopf der Bevölkerung nicht wesentlich höher. Und das, obwohl es während der ersten Welle in Schweden in den Altersheimen überproportional viele Tote gab, weil die vulnerable Bevölkerung anfangs zu wenig geschützt wurde.

Rückblickend betrachtet war die Politik der schwedischen Regierung überhaupt nicht verrückt, sie war genial, weil immer mehr wissenschaftliche Studien und Expertengremien aufzeigen, dass Lockdowns langfristig nichts bringen, im Gegenteil.

---

53 *ttps://www.augsburger-allgemeine.de/politik/Corona-Pandemie-Kampf-gegen-Coronavirus-in-Schweden-Verrueckt-oder-genial-id57422881.html*

54 *https://covid19.who.int/*

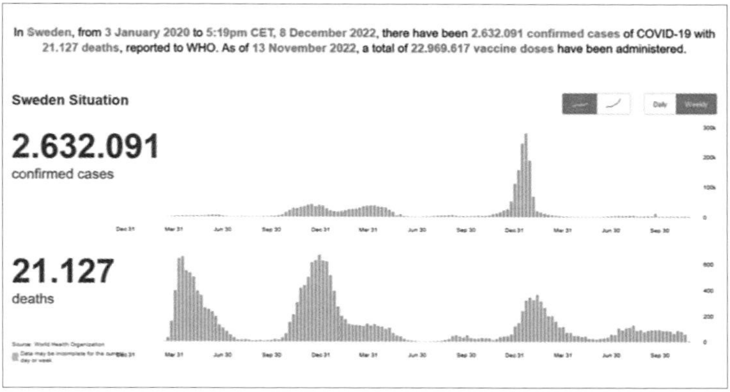

Schweden: Bestätigte COVID-19 Fälle und COVID-19 Tote

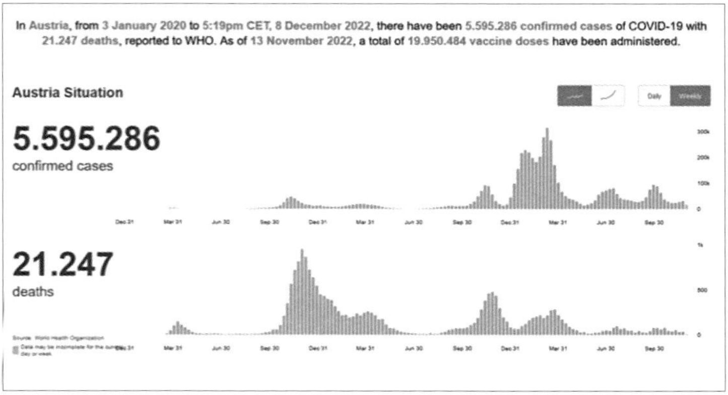

Österreich: Bestätigte COVID-19 Fälle und COVID-19 Tote

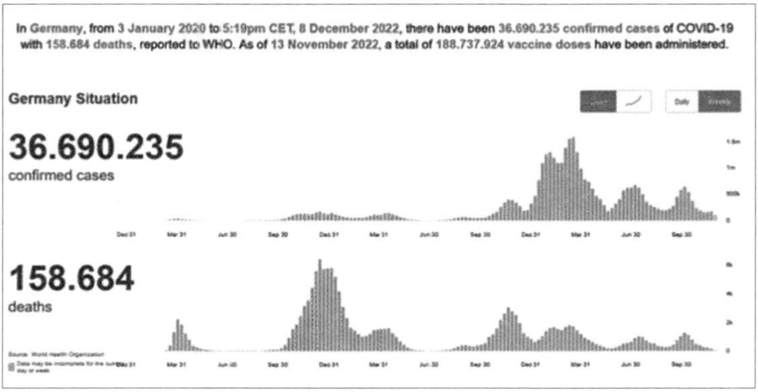

Deutschland: Bestätigte COVID-19 Fälle und COVID-19 Tote

Quelle: WHO COVID-19 Dashboard, 8.12.2022: Deutschland, Schweden und Österreich 54

Sehr früh war klar: Lockdowns bringen medizinisch nichts!

Anfang 2021 wurde eine Studie der Stanford University, mit John Ioannidis als Erstautor, veröffentlicht. Diese Studie, deren Daten bereits 2020 erhoben wurden, kam zu dem Ergebnis, dass die restriktiven Maßnahmen, vor allem Lockdowns, keine substantiellen Vorteile gegenüber gemäßigteren Maßnahmen bieten.[55] Die Autoren urteilten außerdem, dass – selbst wenn Lockdowns kleine Vorteile hätten – diese die zahllosen Schäden dieser aggressiven Maßnahme nicht ausgleichen können. Man hätte also Lockdowns spätestens 2021 „begraben" können, doch wissenschaftliche Daten wurden und werden bis heute ignoriert. Noch immer werden Lockdowns als mögliche Maßnahme für den Winter 2022 nicht ausgeschlossen.[56] Dabei nutzt man auch die Unwissenheit und Angst der Bevölkerung aus.

---

55 *https://www.ncbi.nlm.nih.gov/pmc/articles/PMC7883103/*

56 *https://www.focus.de/gesundheit/news/fachleute-sagen-wann-wir-eine-lockdown-option-brauchen_id_119962004.html*

Lockdowns sind bewiesenermaßen epidemiologisch sinnlos, richten aber dafür enormen Schaden an. Auch eine Studie der Universität München kommt zu dem Schluss, dass Lockdowns das Infektionsgeschehen kaum beeinflussen.[57] Im Mai 2022 wurde eine umfangreiche Studie der Johns Hopkins University veröffentlicht, die die Effekte von Lockdowns untersuchte.[58] Auch diese Studie konnte nur einen „schwachen bis keinen Effekt von Lockdowns auf die COVID-19-Sterblichkeit" feststellen. Im Rahmen der Lockdowns wurden aber massivste Schäden für das Gesundheitswesen, die Bildung unserer Kinder, die Wirtschaft und die gesamte Gesellschaft – ohne mit der Wimper zu zucken - in Kauf genommen. Die psychische Belastung bis hin zur Suizidgefährdung stieg in der Bevölkerung an.[59]

Keine belastbaren Daten erhoben

Der deutsche Sachverständigenausschuss stellte in seiner „Evaluation der Rechtsgrundlagen und Maßnahmen der Pandemiepolitik" fest, dass die Wirkung eines Lockdowns unter anderem von der Dauer der Maßnahme, der Altersstruktur und der Mitarbeit der Bevölkerung abhängt. Je länger ein Lockdown dauert und je weniger Menschen bereit sind, die Maßnahme mitzutragen, desto geringer ist der Effekt und umso schwerer wiegen die nicht beabsichtigten, die nicht intendierten Folgen.[60]

---

57 *https://www.welt.de/vermischtes/article231507757/Corona-Inzidenz-Forscher-zweifeln-an-Effekt-von-Lockdown-und-Notbremse.html*

58 *https://sites.krieger.jhu.edu/iae/files/2022/06/A-Systematic-Review-and-Meta-Analysis-of-the-Effects-of-Lockdowns-of-COVID-19-Mortality-II.pdf?file=2022/05/A-Systematic-Review-and-Meta-Analysis-of-the-Effects-of-Lockdowns-of-COVID-19-Mortality-II.pdf*

59 *https://www.faz.net/aktuell/gesellschaft/warum-die-suizidrate-bei-jugendlichen-angestiegen-ist-17723466.html*

60 *https://www.bundesgesundheitsministerium.de/fileadmin/Dateien/3_Downloads/S/Sachverstaendigenausschuss/220630_Evaluationsbericht_IFSG_NEU.pdf*

Ergänzend erklärte der deutsche Sachverständigenausschuss auch, dass sich die Stärke des Lockdown-Effekts nicht kausal und umfassend abschätzen lässt. Dies gilt auch für die nichtintendierten Wirkungen. Studien zeigen deutliche Defizite in der Vorsorge und Versorgung im Gesundheitsbereich während der Lockdowns.

Der deutsche Sachverständigenausschuss untersuchte auch eine spezielle Form des Lockdowns, nämlich die 2G-Beschränkungen. Er stellte fest, dass „der Grad der Wirkung zumindest zweifelhaft bleibt, insbesondere bezüglich einer Verhinderung von Hospitalisierungen." Mit anderen Worten: Es gibt keine aussagekräftigen Daten, die zeigen würden, dass 2G-Beschränkungen irgendetwas bringen. Dennoch wurden große Teile der Bevölkerung rücksichtlos entrechtet und diskriminiert.[61]

Gesundheitssystem wurde schon vor Corona kaputtgespart und überlastet

Lockdowns wurden immer mit der Begründung verhängt, dass eine Überlastung des Gesundheitssystems vermieden werden müsse. Dazu muss festgestellt werden, dass in den vergangenen Jahren und Jahrzehnten die Gesundheitssysteme in ganz Europa heruntergefahren, um nicht zu sagen kaputt gespart wurden. [62,63]

Das muss man zunächst einmal verstehen, um die teilweise verzweifelten Maßnahmen der Regierungen in Europa einordnen zu können. Wir hatten und haben schlichtweg nicht

61 *https://www.welt.de/kultur/plus236286766/2G-und-2G-Die-Ausgrenzung-der-Ungeimpften-muss-enden.html*

62 *https://www.kleinezeitung.at/politik/aussenpolitik/5791821/Intensivpflegerin_Die-deutschen-Krankenhaeuser-wurden-kaputt-gespart*

63 *https://www.derstandard.at/story/2000116189151/das-mantra-vom-sparen-im-gesundheitssystem-muss-grundsaetzlich-ueberdacht-werden*

das Personal und die medizinische Infrastruktur, um ein paar hundert zusätzliche Intensivpatienten in Österreich oder ein paar tausend in Deutschland zu versorgen. Kein Regierungspolitiker wollte und will das aber eingestehen. Unter anderem deshalb wurden in den vergangenen Jahren aktionistisch Maßnahmen verordnet, ohne überhaupt zu wissen, ob diese etwas bringen.

Der Preis für Lockdowns ist viel zu hoch

Den endgültigen wissenschaftlichen Todesstoß versetzte den Lockdowns eine Studie[64], die zu einem eindeutigen Ergebnis kam: Für die Annahme, dass Lockdowns bei der Spanischen Grippe oder der COVID-19-Pandemie effektiv waren, gibt es keine wissenschaftlichen Belege. Im Gegenteil: Das „Preisschild der Lockdowns" ist verheerend hoch.

Neben der Zerstörung der Wirtschaft, der Abnahme des Wohlstands, des Bildungsausfalls für unsere Kinder, der drastischen psychischen und sozialen Schäden für unsere Gesellschaft kosten Lockdowns auch sehr viele Menschenleben. Durch die enge Verbindung zwischen dem abgenommenen Wohlstandsgrad und der Gesundheit kosten die Schäden der Lockdowns rund zwanzigmal mehr Lebensjahre als sie retten. Die Wissenschaftler fordern daher endlich eine genaue Kosten-Nutzen-Rechnung und eine öffentliche Diskussion über den Sinn von Lockdowns, die bisher aber bewusst vermieden oder sogar boykottiert wurde.

---

64 *https://www.ncbi.nlm.nih.gov/pmc/articles/PMC9368251/*

5. Behauptung: Die Inflation ist nur vorübergehend

Können Sie sich noch an die Aussagen in Medien und von Institutionen zum Thema Inflation im Jahr 2021 erinnern? Wie hieß es damals: „Alles nur vorübergehend!“ und „Alles nicht so schlimm!“

ntv
Montag, 22
RESSORTS SPORT BÖRSE WETTER VIDEO

Startseite > Wirtschaft > Jetzt nicht "überreagieren": EZB-Volkswirt: Inflation ist vor

WIRTSCHAFT

Jetzt nicht "überreagieren"

EZB-Volkswirt: Inflation ist vorübergehend

08.11.2021, 11:51 Uhr

Quelle: Jetzt nicht „überreagieren“: EZB-Volkswirt: Inflation ist vorübergehend - n-tv.de

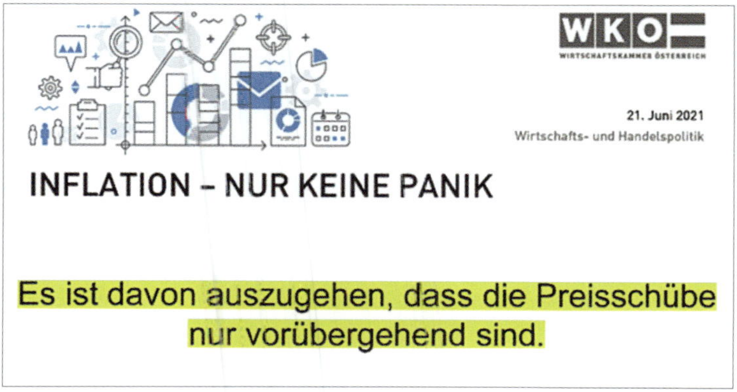
WKO
WIRTSCHAFTSKAMMER ÖSTERREICH

21. Juni 2021
Wirtschafts- und Handelspolitik

INFLATION – NUR KEINE PANIK

Es ist davon auszugehen, dass die Preisschübe nur vorübergehend sind.

Quelle: https://news.wko.at/news/oesterreich/inflation-nur-keine-panik.pdf

Die Aussagen derer, die zum Thema Inflation im Jahr 2021 noch Beruhigungspillen verteilt haben, haben sich ein Jahr später grundlegend geändert. Jetzt spricht keiner mehr von „vorübergehend“. Der österreichische Bundespräsident Alexander Van der Bellen richtet allen, vor allem den jungen Leuten, aus: „Zähne zusammenbeißen, es wird schon irgendwie gehen!“[65] Wenn das die Position des Bundespräsidenten beziehungsweise der Lösungsvorschlag der Regierung für die immer schneller anwachsende Inflation ist, dann gute Nacht!

Die aktuelle Situation ist verheerend: Die Inflation lag im Oktober 2022 in Österreich bereits bei 10,5 Prozent.[66] Bei einem durchschnittlichen Wocheneinkauf von häufig benötigten Gütern und Dienstleistungen ist sie mit 19 Prozent sogar noch deutlich höher.[67] Dieser alltägliche Einkauf ist aber für

65 *https://www.heute.at/s/verhoehnung-van-der-bellen-empoert-mit-teuerungs-tipp-100223608*

66 *Inflation in Deutschland auf 70-Jahres-Hoch - news.ORF.at*

67 *Inflation im Juli bei 9,3 Prozent: Wocheneinkauf sogar um 19 Prozent teurer - Wirtschaftspolitik - derStandard.at › Wirtschaft*

die Haushalte von großer Bedeutung. Er ist wichtiger als ein neues Fernsehgerät oder ein neues Handy. Der aktuelle Preisanstieg stellt in Deutschland die höchste Teuerungsrate seit Juli 1952 dar.[68] Vor allem die Energiekosten sind stark angewachsen und treiben viele in finanzielle Bedrängnis. Diese Fakten machen deutlich, die Inflation bleibt und wird weiter steigen, so schätze ich zumindest die Lage ein.

Peinliche Tipps von Politikern

»Nur drei statt zehn Ballkleider«

Mikl-Leitner gibt Klima-Tipps im TV

Viele Bürger befinden sich bereits jetzt in einer sehr schwierigen finanziellen Situation und können sich das normale Leben kaum noch leisten. Der Preisanstieg bedroht die materielle Existenz vieler Privatpersonen und Betriebe. Und die Politiker schauen hilf- und tatenlos zu und geben peinliche Ratschläge. Die offizielle Internetseite des österreichischen Klimaministeriums rät beispielsweise: Kürzer duschen, beim Abwasch Stöpsel rein und möglichst kaltes Wasser verwenden.[69] Der neueste Ratschlag von Klimaministerin Leonore Gewessler: Aufs Backrohr verzichten![70] Mit lächerlichen Tipps ist auch Ministerin Karoline Edtstadler aufgefallen. So empfiehlt sie als Maßnahme gegen teuren Sprit, mit dem Auto einfach langsamer zu fahren.[71] Auch ihr Video-Beitrag aus einem Nobellokal, in dem sie die Regierung preist und erklärt, was alles gegen die Teu-

68 *Inflation in Deutschland auf 70-Jahres-Hoch - news.ORF.atI*

69 *Ein behutsamer Umgang mit Warmwasser lohnt sich, klimaaktiv*

70 *Auf Backrohr verzichten – Gewesslers neue Spar-Tipps - Politik | heute.at*

71 *Kritik wird laut - ÖVP: Mit Hausverstand den Energie-Engpass lösen | krone.at*

erung unternommen werde, war geschmacklos.[72] Den Vogel schoss allerdings Niederösterreichs Landeshauptfrau Johanna Mikl-Leitner ab. Sie empfahl doch tatsächlich, nur drei statt zehn Ballkleider zu kaufen.

Kein normaler Bürger braucht diese Tipps. Alle treten bereits kürzer, um sich das Leben überhaupt noch leisten zu können: „Die Teuerung frisst uns die letzten Ersparnisse weg. Knapp die Hälfte der Bevölkerung hat überhaupt keine nennenswerte Cash-Reserve. 47 Prozent aller Österreicher können nicht einmal auf 1.000 Euro für Notfälle zurückgreifen." Das ist das Resultat einer aktuellen Studie der Teambank.[73]

Unter diesen Umständen können die Regierungsmitglieder, der Bundespräsident sowie alle anderen vom Volk fürstlich bezahlten Amtsinhaber davon ausgehen, dass das Volk sparen muss, wo es nur geht. Die Aussagen dieser abgehobenen Führungsschicht, ohne tatsächliches Verständnis für die Probleme des Volkes, erinnern an einen bekannten Ausspruch, der der französischen Königin Marie-Antoinette (1755–1793) zugeschrieben wird: „Wenn sie kein Brot haben, dann sollen sie doch Kuchen essen!"

Ursachen der Inflation

Werfen wir einen Blick auf die Ursachen der heutigen Inflation. Ist Russland wirklich schuld? Die Energiepreise steigen, weil die Russen die Ukraine angegriffen haben, hören wir tagein, tagaus. Die Daten belegen jedoch, dass die Energiepreise bereits vor dem Ukraine-Krieg in die Höhe geschnellt waren, wie die Grafik.

72 *Peinliches Edtstadler-Video: Aus der Bonzen-Blase gegen Teuerungen - Wochenblick.at*

73 *Teuerung | Hälfte hat unter 1.000 € am Konto (oe24.at)*

Quelle: Starker Anstieg der Energiepreise nach Corona – Agenda Austria (agenda-austria.at)

Im Gegensatz zu anderen Ländern wird übrigens in der Schweiz eine weitaus geringere Inflation verzeichnet. Im Juli 2022 lag die Inflation in der Schweiz trotz der angespannten Lage bei lediglich 3,4 Prozent.

Quellen: Inflation bei 3,4 Prozent: Preise in der Schweiz steigen weiter nur langsam | Kleine Zeitung

Inflation im Juli bei 9,3 Prozent: Wocheneinkauf sogar um 19 Prozent teurer - Wirtschaftspolitik - derStandard.at › Wirtschaft

Wäre ausschließliche der Ukraine-Krieg der Grund für die Inflation, müsste doch in der Schweiz ein ähnlicher Preisanstieg wie bei uns zu beobachten sein. Trotzdem schreibt zum Beispiel der „Kurier" am 23. August 2022: „Seit Beginn des Kriegs in der Ukraine (24. Februar) müssen die Autofahrer auch hierzulande wegen der hohen Spritpreise tief in die Tasche greifen."[74] Um gleich weiter im Text zu erklären: „Die Berechnungen haben ergeben, dass in der ersten Junihälfte die Preise für Diesel um rund 36 Cent pro Liter und für Benzin um 41 Cent im Vergleich zur Zeit vor dem Ukraine-Krieg gestiegen sind und die gestiegenen internationalen Preisnotierungen sich von den Rohölpreisen entkoppelt haben. Die Rohölpreise sind im selben Zeitraum nämlich nur um rund 22 Cent pro Liter gestiegen."[75] „Die Raffinerien verdreifachten ihren Gewinn!" – titelten einige Zeitungen in diesem Zusammenhang. Das heißt, ein großer Teil der Teuerung ist den Raffinerien zu verdanken.[76] Die Treibstoffpreise in Österreich haben sich im Juni 2022 gegenüber der Zeit vor dem Ukraine-Krieg vom Rohölpreis „entkoppelt". Das bedeutet, der Spritpreis ist seit dem Krieg stärker angestiegen, als die Rohölpreise es notwendig gemacht hätten. „Die Bruttoraffinierungsmargen stiegen bei Diesel um rund 14 Cent pro Liter und bei Benzin um rund 20 Cent pro Liter."[77] Damit machen die Raffinerien mitten in der Krise zusätzliche Gewinne auf Kosten der geplagten Bürger!

EU- und Corona-Rettungspakete heizten Inflation an

Wir alle haben in den vergangenen Jahren mitbekommen, dass die EU viele Pleite-Staaten „gerettet" hat. Es gab Ret-

---

74 *Hohe Spritpreise: Raffinerien verdreifachen Gewinnmargen | kurier.at*

75 *Hohe Spritpreise: Raffinerien verdreifachen Gewinnmargen | kurier.at*

76 *ZIB 1 vom 22.08.2022 um 19:30 Uhr – ORF-TVthek*

77 *Spritpreise: Raffinerien verdreifachten Gewinnmargen - Energiemarkt - derStandard.at › Wirtschaft*

tungspakete für Griechenland, Irland, Portugal, Spanien und Zypern. „Die ersten Hilfskredite für Griechenland wurden zunächst noch als Einzelfall dargestellt. Doch schon bald folgte der vorläufige Euro-Rettungsschirm EFSF. Im Oktober 2012 nahm dann der dauerhafte Stabilisierungsmechanismus ESM seine Arbeit auf. Das Geld für die Rettungspakete stammte nicht nur von den Euro-Staaten und deren Rettungsschirmen, sondern in der Regel auch vom Internationalen Währungsfonds (IWF) und teilweise direkt aus EU-Mitteln (EFSM).“[78] Erst neulich eilte die Europäische Zentralbank (EZB) Italien zur Hilfe.[79] Italien hat nämlich eine Höchstverschuldung in Höhe von etwa 150 Prozent des Bruttoinlandsprodukts (BIP)![80] Für den Beitritt zur EU wurden jedoch bezüglich der Verschuldung eines Landes einheitliche Kriterien festgelegt, die sogenannten „Maastricht-Kriterien“ oder Konvergenzkriterien.

Angst vor Schuldenkrise

EZB-Chefin Lagarde eilt Italien zu Hilfe

Die Notenbank will mit gezielten Käufen von Staatsanleihen die Zinsen für südliche Länder wie Italien drücken. Dafür will die EZB auch ein neues Hilfsprogramm auflegen.

Holger Alich
Publiziert: 15.06.2022, 19:28

21

Quelle: Angst vor Schuldenkrise: EZB-Chefin Lagarde eilt Italien zu Hilfe | Tages-Anzeiger (tagesanzeiger.ch)

78 *Euro-Rettungspakete: Der Geldfluss in die Krisenstaaten | tagesschau.de*

79 *Angst vor Schuldenkrise – EZB-Chefin Lagarde eilt Italien zu Hilfe | Tages-Anzeiger (tagesanzeiger.ch)*

80 *Italien - Staatsverschuldung in Relation zum BIP bis 2027 | Statista*

Hier die Informationen des Finanzministeriums zu den EU Maastricht-Kriterien:[81]

- Das öffentliche Defizit eines Landes darf nicht mehr als drei Prozent des Bruttoinlandsprodukt (BIP) betragen.
- Der öffentliche Schuldenstand darf nicht mehr als 60 Prozent des BIP betragen.
- Die Inflationsrate darf maximal 1,5 Prozent über jener der drei preisstabilsten Mitgliedstaaten des Vorjahres liegen.

Die Europäische Kommission und die Europäische Zentralbank sollten die Erfüllung dieser Kriterien überprüfen. Sie könnten bei Nichteinhaltung ein Vertragsverletzungsverfahren einleiten, was sie nicht machen und damit die „Maastricht-Kriterien“ wissentlich ignorieren!

An der nächsten Grafik lässt sich ablesen, dass die Verschuldung in Italien seit 1988 niemals unter 60 Prozent lag, wie es die Maastricht-Kriterien eigentlich vorsehen. Die Verschuldung lag immer weit höher und hatte nachteilige Folgen für den gesamten Euro-Raum. Unsere gemeinsame Währung spiegelt nämlich die wirtschaftliche Entwicklung aller Staaten der Euro-Zone wider.

---

81 EU - Konvergenzkriterien (Maastricht-Kriterien) (oesterreich.gv.at)

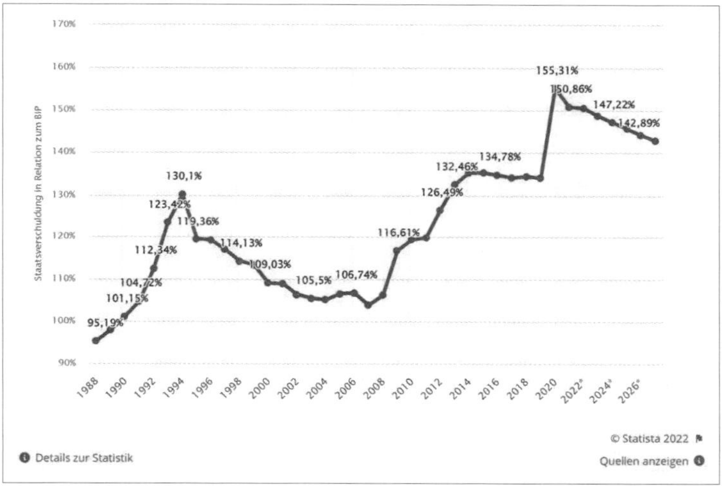

Quelle: Italien - Staatsverschuldung in Relation zum BIP bis 2027 | Statista

Auch andere Länder halten sich nicht an die Vorgaben der Maastricht-Kriterien. Die nächste Übersicht zeigt die EU-Länder, die im ersten Quartal 2022 eine Staatsverschuldung über den vorgesehenen 60 Prozent in Relation zum Bruttoinlandsprodukt (BIP) hatten.[82] Auch das „reiche Österreich" ist mit 84,1 Prozent Staatsverschuldung vertreten. Schweden allerdings, das mit dem Sonderweg ohne Lockdown das wirtschaftliche Leben trotz Corona aufrechterhielt, ist nicht dabei. Es liegt mit 34,6 Prozent Staatsverschuldung deutlich unter der Grenze von 60 Prozent.

82 *EU - Staatsverschuldung in den Mitgliedstaaten in Relation zum Bruttoinlandsprodukt (BIP) 2022 | Statista*

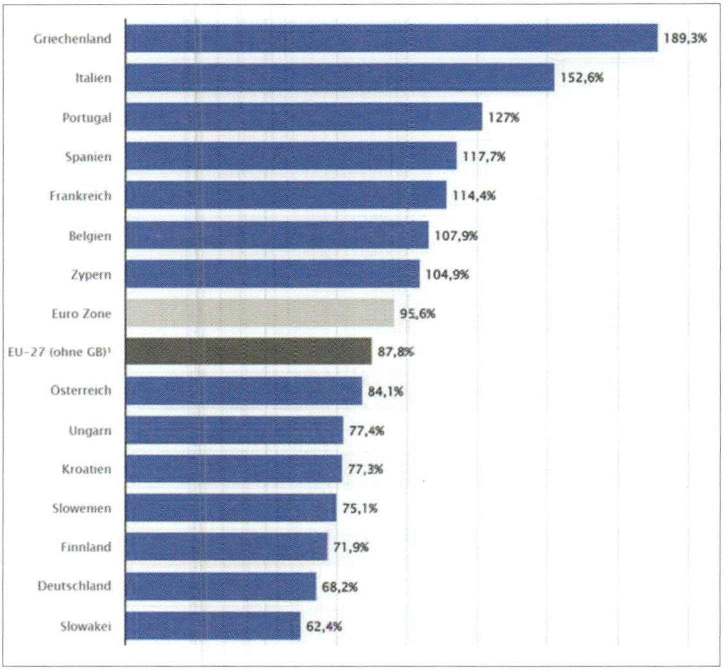

Quelle: EU - Staatsverschuldung in den Mitgliedstaaten in Relation zum Bruttoinlandsprodukt (BIP) 2022 | Statista

Zur Staatsverschuldung trugen auch die vielen Rettungspakete bei, die wegen der Corona-Maßnahmen der Regierungen notwendig geworden waren. So mancher hatte das Gefühl, das Geld sei abgeschafft worden. Auch in Österreich hieß es: „Koste es, was es wolle", wie es Ex-Finanzminister Gernot Blümel von der ÖVP formulierte.[83] Das Geld wurde und wird mit beiden Händen ausgegeben.

---

83 https://www.sn.at/wirtschaft/oesterreich/bluemel-praesentiert-krisenbudget-koste-es-was-es-wolle-85133107

EU druckt Geld als gäbe es kein Morgen

Geld wird in der EU von der Europäischen Zentralbank (EZB) gedruckt. Ist mehr Geld im Umlauf, dann ist die einzelne Geldeinheit weniger wert, denn auch beim Geld sind Angebot und Nachfrage entscheidend. Je mehr Geld gedruckt wird, desto geringer ist die Kaufkraft. Die Bilanzsumme der Europäischen Zentralbank und der nationalen Notenbanken geben Auskunft über den jeweiligen Kurs bei der Geldpolitik. Je höher die Bilanz, desto mehr Geld bringen die EZB und nationale Notenbanken in Umlauf. Die Bilanzsumme der EZB und der nationalen Notenbanken des Euro-Systems hat sich seit Beginn der Corona-Pandemie von circa 4.927 Milliarden auf circa 8.756 Milliarden, also auf fast neun Billionen Euro (9.000 Milliarden!) erhöht – siehe die nächste Grafik.[84]

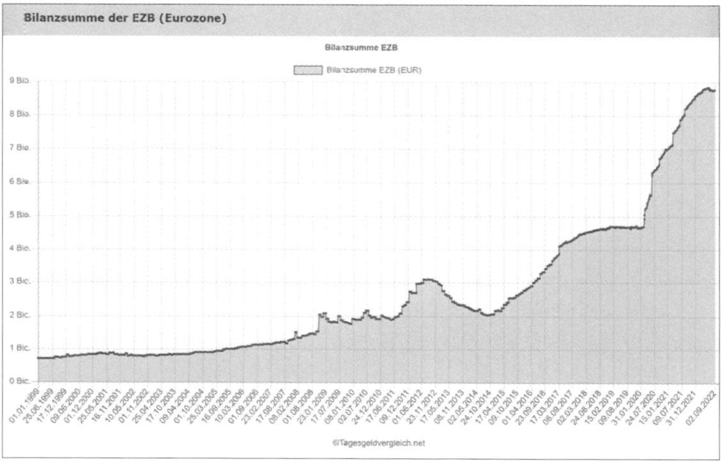

Quelle: Bilanzsummen der Zentralbanken - Entwicklung für EZB, Fed, BoE, BoJ, SNB (tagesgeldvergleich.net)

84 *https://www.tagesgeldvergleich.net/statistiken/bilanzsummen-der-zentralbanken.html#ezb*

Vergleichen Sie bitte die Geldmenge im Jahr 2000 und im Jahr 2022. Durch die Steigerung der Geldmenge ist eine Geldeinheit weniger wert, was nur ein anderes Wort für Inflation ist. Jean-Claude Trichet, der ehemalige Präsident der EZB sagte dazu: „Es gibt einen langfristigen Zusammenhang zwischen Geldmengenwachstum und Inflation.“[85] Um Preisstabilität zu gewährleisten, muss die Geldmengenentwicklung im Auge behalten werden. Aber das geschieht schon längst nicht mehr.

Fassen wir zusammen:

- Die Inflation setzte bereits vor dem Ukraine-Krieg ein.
- Die Schweiz (unser Nachbar, aber kein EU-Land) hat eine viel geringere Inflation.
- Die EZB druckt Geld als gäbe es kein Morgen.
- Angebot und Nachfrage bestimmen den Wert einer Ware und genauso ist es beim Geld. Eine höhere Geldmenge bedeutet eine Geldeinheit wird weniger wert. Das führt zur Inflation.

Inflation ist Diebstahl am kleinen Mann

Dieser Ausspruch stammt vom ehemaligen deutschen Arbeitsminister Norbert Blüm (CDU).[86] Damit möchte ich festhalten, dass die Geldpolitik der EZB die Inflation in der EU befeuert. Bürger, Sparer und Steuerzahler werden enteignet, um die Ausgaben überschuldeter Euro-Länder zu bezahlen. Inflation ist kein Naturereignis, sondern wird von den Entscheidern an den Stellschrauben der EZB gemacht. Inflationäre Geldpolitik hat eine Verarmung der Bevölkerung zur Folge und spült das Geld von unten nach oben.

---

85 *Geldmengenwachstum – Wikipedia*

86 *Inflation: Die politischen Folgen der Geldentwertung - DER SPIEGEL*

Die reichsten Männer der Welt, zum Beispiel Bill Gates, Elon Musk und Jeff Bezos, haben ihr Vermögen gerade in den vergangenen Krisenjahren um ein Vielfaches erhöht.[87] Inflation ist ein geplanter Vorgang, der zur Verarmung des Volkes führt und die Reichen reicher werden lässt.[88] Wenn wir so weitermachen, hat unser Euro bald keinen Wert mehr. Zu Recht fragen Sie sich jetzt: Wie soll das weitergehen?

Überwachung und totale Kontrolle durch digitales Geld

Politik und Konzerne haben bereits eine Lösung in der Tasche. Falls es vonseiten der Bürger und Wähler nicht zu massiven Protesten kommt, ist davon auszugehen, dass wir zu einer bargeldlosen Gesellschaft überwechseln werden. Auf der einen Seite wird das Papiergeld immer weniger wert, auf der anderen Seite möchte man über die Finanzen jeden einzelnen Bürger digital kontrollieren.

Die Entwicklung der vergangenen Jahre hat gezeigt, dass viele mit den Annehmlichkeiten des digitalen Zahlungsverkehrs ohne weiteres Hinterfragen einverstanden sind. Immer mehr Menschen nutzen Bankomat- und Kreditkarten und verwenden Online-Banking. Dieser Trend nimmt zu. Was als bequem und modern erscheint, birgt Risiken. Nicht nur, dass ältere Jahrgänge teilweise ausgeschlossen werden, Bargeldlosigkeit ist dazu noch teuer. Man muss ständig Gebühren und Zinsen an die Bank bezahlen. Die Zeiten, in denen man für seine Geldeinlage bei der Bank Zinsen gutgeschrieben bekam, sind längst Vergangenheit.

Elektronisches Geld ist störungsanfällig, ich sage nur Stromausfall oder Hacker. Das Entscheidende in Bezug auf den bargeldlosen, digitalen Zahlungsverkehr ist jedoch, dass die

---

87 *https://inequality.org/great-divide/updates-billionaire-pandemic/*

88 *Inflation: Die politischen Folgen der Geldentwertung - DER SPIEGEL*

Machthabenden das Geld – und damit das Leben jedes einzelnen – leicht kontrollieren können und dies auch ausdrücklich wollen. Jeder Bezahlvorgang wird registriert. Mit dem bargeldlosen Zahlungsverkehr ist es dann möglich, Geldflüsse zu blockieren. Man kann Kontoinhabern den Zugriff auf ihre Geldmittel verweigern. Das CBDC (Central Bank Digital Currency)[89], so heißt das digitale Geld, läuft auf eine potenzielle Kontrolle unseres Geldes durch Dritte hinaus.

Die Methode der Kontensperrung wurde zum Beispiel in Kanada zum Stopp der Geldflüsse der Trucker des Freedom-Convoys angewandt.[90] Wird das Bargeld abgeschafft, sind wir als einzelne Personen anonymen Digitalmächten wehrlos ausgeliefert und leicht zu überwachen und zu steuern. Ein Missbrauch ist leicht vorstellbar. So könnte das eigene Geld eingefroren werden, weil man eine falsche Meinung geäußert und demonstriert hat oder nicht geimpft ist. Ähnliche Erfahrungen haben bereits kritische Journalisten und Wissenschaftler gemacht, deren Konten gesperrt wurden, weil sie das Corona-Narrativ in Frage gestellt haben.[91] Wir verlieren mit dem digitalen Geld also einen ganz entscheidenden Teil unserer bürgerlichen Freiheit und Selbstbestimmung.

Internationale, informelle Gremien haben großen Einfluss

Das Ziel der Bargeldabschaffung wird international verfolgt. Es gibt bereits eine Vielzahl an Projekten und Tests, um die Einführung voranzutreiben, zum Beispiel die „Better Than Cash Alliance". Ihr Ziel ist seit 2012 eine Partnerschaft von Regierungen, Unternehmen und internationalen Organisationen, die den Übergang von Bargeld zu digitalen Zahlun-

---

89 *Digitales Zentralbankgeld – Wikipedia*

90 *https://www.businessinsider.com/td-bank-freezes-accounts-support-canadian-truckers-freedom-convoy-2022-2*

91 *Frontalangriff auf meine Seite: Paypal sperrt meine Konten - reitschuster.de*

gen beschleunigt, um vorgeblich zur Erreichung der Ziele für nachhaltige Entwicklung beizutragen.[92] In der Grafik unten sind die Partner dieser Allianz zu sehen, darunter die Bill & Melinda Gates Foundation, das deutsche Bundesministerium für wirtschaftliche Zusammenarbeit und Entwicklung sowie Visa.

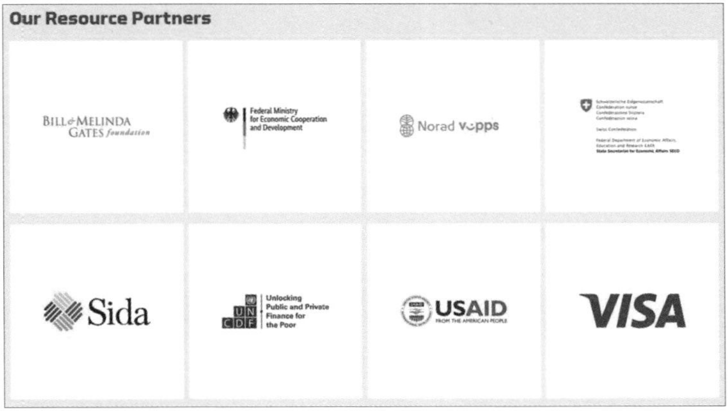

Quelle: Resource Partners · Better Than Cash Alliance

Kritische Stimmen weisen darauf hin, dass bereits 90 Prozent der Länder weltweit elektronische Währungen und digitale Bezahlsysteme planen.[93] Die Better Than Cash Alliance diene vor allem den geschäftlichen Interessen großer Unternehmer aus der Finanzbranche und der IT-Branche, stellt der Wissenschaftsjournalist Norbert Häring fest. Er kritisiert die digitalen Bezahlverfahren als Haupttreiber für die Einführung und Ausweitung biometrischer Identifizierung im Alltag – durch Fingerabdrücke, Gesichtserkennung und eventuell so-

---

92 *Resource Partners · Better Than Cash Alliance*

93 *Digitale Zentralbankwährungen – die absolute Kontrolle über alles und jeden? | Mitdenken-761 (nichtohneuns-freiburg.de)*

gar DNA. Norbert Häring warnt vor dem weltweiten Kampf der Finanzbranche und der Regierungen gegen das Bargeld. Auch die FATF (Financial Action Task Force on Money Laundering) spielt in diesem „demokratiefernen internationalen Raum von Gremien“ eine wichtige Rolle und attackiert zum Beispiel die „hohe Bargeldaffinität“ der Deutschen.[94]

Die Europäische Union zieht bei diesen Plänen mit und argumentiert mit der Bekämpfung der Schattenwirtschaft und Steuerhinterziehung für digitales Geld. Einen Überblick über die wichtigsten Strippenzieher der globalen Kampagne gegen das Bargeld stellte Norbert Häring zusammen.[95]

Die EZB arbeitet bereits an den technischen Möglichkeiten der Ausgestaltung des digitalen Euros. Das Projekt läuft seit Juli 2021. Auch die Österreichische Nationalbank ist am Projekt beteiligt.[96] Herbert Kickl, Bundesparteiobmann der FPÖ, warnt vor dieser falschen EU-Politik, die Machtmissbrauch und Überwachung der Bürger befürchten lässt. „Bargeld ist aber nach wie vor noch ‚gedruckte Freiheit‘ und gerade deshalb den EU-Granden ein Dorn im Auge. Deshalb setzen wir Freiheitlichen uns immer wieder für den Erhalt des Bargelds ein. Erst im Juni brachten wir diesbezügliche Anträge wie ‚Nein zum Masterplan der Bargeldabschaffung in der EU‘ und die Verankerung des Bargeldes in der Verfassung im Parlament ein – leider haben wir dazu aber keine Mehrheit gefunden.“[97]

---

94 *Schattenmacht FATF verlangt von Bundesregierung Maßnahmen gegen Bargeld – Geld und mehr (norberthaering.de)*

95 *Die wichtigsten Strippenzieher der globalen Kampagne gegen das Bargeld – Geld und mehr (norberthaering.de)*

96 *Vormarsch des digitalen Euro? (parlament.gv.at)*

97 *Erhalt des Bargeldes muss in unserer Verfassung gesichert sein! – Freiheitliche Partei Österreichs (fpoe.at)*

Mit digitalem Geld in die gläserne Gesellschaft?

Es ist davon auszugehen, dass die internationalen Institutionen schon bald das digitale Geld als den besten Ausweg aus der aktuellen Inflation anpreisen werden. Die Vorbereitungen sind schon getroffen. Schritt für Schritt werden bereits seit Jahren Bargeldobergrenzen eingeführt, elektronische Unterschriften und Behördengänge ermöglicht, und so geht man immer mehr in eine elektronisch kontrollierte Gesellschaft über. Aus diesem Grund wurde auch die ID-Austria eingeführt, der „Mein Ich-organisiere-das-von-überall-Ausweis".[98]

Wenn alle oder die meisten auf das digitale Geld und auf die digitale Kommunikation umgestiegen sind, dann sind wir in der gläsernen Gesellschaft angekommen. Damit wird totalitäre Kontrolle und Manipulation ermöglicht. Das sollten wir verhindern. Digitalisierung sollte nicht dazu missbraucht werden, unsere bürgerliche Freiheiten und unsere Grundrechte auszuhebeln. Digitalisierung und stabile Grund- und Freiheitsrechte sowie Demokratie lassen sich nämlich sehr wohl vereinbaren.

Jürgen Bering, Rechtsanwalt und Verfahrenskoordinator, von der Initiative „Gesellschaft für Freiheitsrechte" meint dazu: „Die Grundrechte schützen unseren Zugang zum gesellschaftlichen Leben. In unserer modernen und digitalisierten Welt entscheiden über diesen Zugang aber nicht mehr nur der Staat, sondern mehr und mehr auch private Digitalunternehmen. Um effektiven Schutz bieten zu können, müssen unsere Grundrechte gegenüber diesen Unternehmen Wirkung entfalten."[99]

---

98 *https://www.oesterreich.gv.at/id-austria.html*

99 *Jürgen Bering - GFF – Gesellschaft für Freiheitsrechte e.V.*

6. Behauptung: Es gibt keine Medikamente gegen COVID-19, daher hilft nur die Impfung

Auch diese Behauptung ist schon seit langem falsch.

Lange Zeit verbreiteten Politiker, Medien und diverse „Experten“, dass COVID-19 „nicht mit handelsüblichen Medikamenten zu behandeln“ sei.[100] Der deutsche Gesundheitsminister Karl Lauterbach behauptete, dass „das einzige, was zuverlässig vor einem schweren Verlauf bei der Omikron-Infektion schützt, die Booster-Impfung ist.“[101]

Impfung schützt nicht vor schwerer Erkrankung oder Tod

Interessante Unterschiede gab es bei den COVID-19-Todeszahlen vor und nach Start der Impfung. Bis zum 27. Dezember 2020, dem Tag, an dem die COVID-19-Impfungen in Österreich starteten, starben 7.210 Menschen an oder mit COVID-19.[102] Nach dem Impfstart starben bis zum 8. Dezember 2022 hingegen 14.047 Menschen an oder mit COVID.[103] Der weitaus größte Teil der COVID-19-Toten in Österreich starb also, nachdem der Bevölkerung eine Impfkampagne nach der anderen aufgedrängt wurde und obwohl die Verläufe bei der Omikron-Variante deutlich milder sind. Die Imp-

---

100 https://www.vienna.at/pharmakologen-kritisieren-kickl-aussage-zur-behandlung-von-corona/7189261

101 https://www.spd.de/aktuelles/corona-ticker/ticker/ticker/news/jetzt-impfen-gegen-die-fuenfte-welle/17/12/2021/

102 https://orf.at/stories/3195150/

103 https://orf.at/corona/daten/oesterreich

fungen schützen also – für jeden deutlich ersichtlich – nicht vor schweren Erkrankungen oder Tod durch COVID-19.

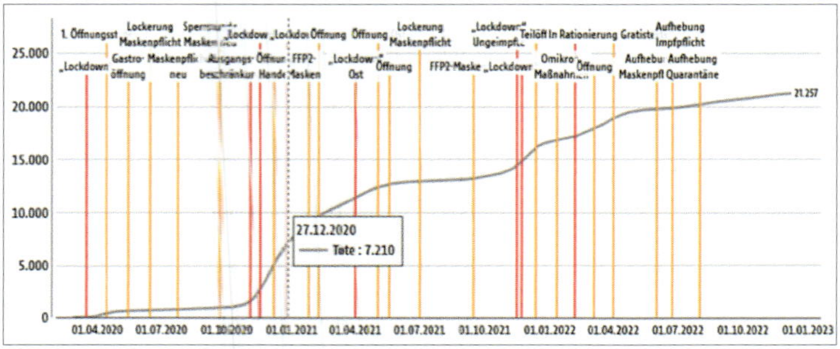

An COVID-19 Verstorbene in Österreich bis 27.12.020 und bis 8.12.2022

Erkrankte Patienten allein gelassen

Bei COVID-19-Kranken, geimpft oder ungeimpft, besteht eigentlich die therapeutische Notwendigkeit, die Verschlechterung des Gesundheitszustands bis hin zum Tod mit allen zur Verfügung stehenden Mitteln zu verhindern. Das ist wohl unbestritten. Doch genau das ist bei sehr vielen Patienten nicht geschehen.

Nach einem positiven COVID-19-Test mussten die Menschen zwar in Quarantäne, doch dann passierte bei der überwiegenden Zahl der Patienten medizinisch – nichts. Ich erhalte zahllose Nachrichten, Briefe und E-Mails, in denen Patienten diese Situation beschreiben. Sie wurden und werden einfach ihrem Schicksal überlassen. Man wartete und wartet – zumeist ohne ärztliche Betreuung – ab, ob die Patienten gesund werden oder aber nach Luft ringend ins Krankenhaus beziehungsweise die Intensivstation eingeliefert werden müssen.

Wirksame Medikamente bei COVID-19

In den vergangenen eineinhalb Jahren wurde die gute Wirksamkeit von zahlreichen Medikamenten bei der Behandlung von COVID-19 nachgewiesen.[104] Diese Medikamente können die Sterblichkeit bei Erkrankten, einzeln oder in Kombination verabreicht, laut diversen Studien um rund 80 Prozent senken. Mit anderen Worten: Der Großteil der COVID-19-Toten in Österreich und Deutschland hätte laut der wissenschaftlichen Datenlage mit einer frühzeitigen medikamentösen Therapie gerettet werden können. Dass das nicht flächendeckend und sofort geschehen ist, ist eine unauslöschliche Schande für die Gesundheitssysteme in Europa. In einer der meistgelesenen wissenschaftlichen Publikationen des Jahres 2021 stellte Professor Peter McCullough eine Übersicht diverser verwendeter Medikamente und Maßnahmen zusammen[105]. Dazu gehören die Reduktion der Reinokulation (der ständigen „Wiederansteckung"), antivirale Therapien, die Immunomodulation (die Behandlung des oft überschießenden Immunsystems), die Blutverdünnung (Verhinderung der Bildung von Blutgerinnseln) und die Verabreichung von Sauerstoff. Zu den wirksamen Medikamenten (zum Beispiel Cortison, Cortison-Sprays, Acetylsalicylsäure, diverse Antibiotika und Medikamente gegen Parasiten, Ivermectin, etc.) gibt es zahllose Studien, wissenschaftliche Publikationen und Erfahrungen.[106] Das ist deutlich mehr als beispielsweise die vierten COVID-19-Impfungen zu bieten haben. Im Übrigen wurden und werden sogenannte atypische Pneumonien, die durch Viren verursacht sind, seit langem ähnlich medikamentös behandelt.[107]

---

104 https://pubmed.ncbi.nlm.nih.gov/34130113/

105 https://www.ncbi.nlm.nih.gov/pmc/articles/PMC7410805/

106 https://aapsonline.org/CovidPatientTreatmentGuide.pdf

107 https://www.gesundheitsinformation.de/wie-wird-eine-virale-lungenentzuendung-behandelt.html

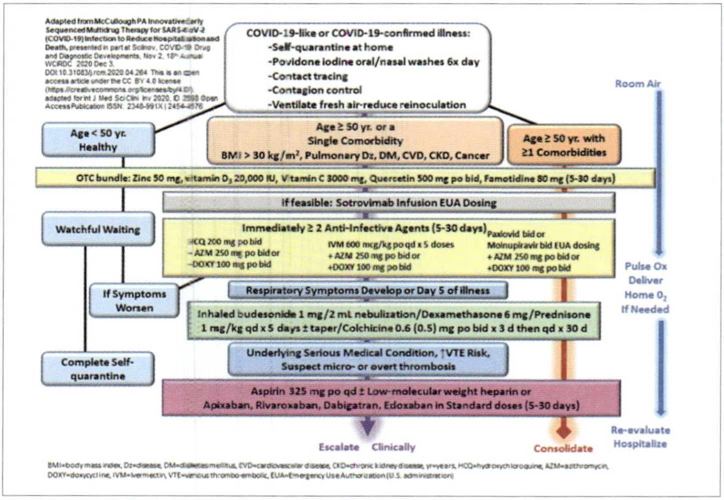

Medikamentöser Behandlungsplan der Association of American Physicians and Surgeons bei COVID-19 (https://aapsonline.org/CovidPatientTreatment-Guide.pdf)

Beispiel: Vitamin D

Ein Beispiel für ein einfaches, billiges und wirksames Nahrungsergänzungsmittel, das auch als Medikament zur Verfügung steht, ist Vitamin D. In einer systematischen Übersicht über zahlreiche wissenschaftliche Publikationen wurde klar festgestellt, dass Vitamin D, also ein einfaches Vitamin, die Schwere der Verläufe von COVID-19-Erkrankungen effektiv senkt. Es wird daher die Verabreichung von Vitamin D bei einer COVID-19-Infektion empfohlen.[108] Forschungsergebnisse der Europäischen Kommission zeigen, dass Vitamin-D-Mangel in Europa häufig vorkommt, was auf ein schwerwiegendes

108 https://pubmed.ncbi.nlm.nih.gov/35166850/

Problem in der medizinischen Versorgung hindeutet.[109] Das Risiko, an COVID-19 schwer zu erkranken und sterben, ist bei Vitamin D-Mangel erhöht.[110] Der Bundesparteiobmann der FPÖ, Herbert Kickl, empfahl daher die frühzeitige Verabreichung von Medikamenten, unter anderem auch von Vitamin D.[111] Und wie reagierten Medien und Politiker der Systemparteien? Herbert Kickl wurde von Medien und Politikern lächerlich gemacht. Die wissenschaftlichen Daten zeigen aber, dass er recht hatte. Das Ignorieren dieser Fakten in Österreich und Deutschland hat, gemäß der publizierten Forschungsergebnisse, unzähligen Menschen das Leben gekostet. Es handelt sich um ein Total-Versagen der COVID-19-Regierungspolitik und der Mainstream-Medien. Man hat COVID-19-Kranken nicht nur nicht geholfen, man hat ihnen und den Ärzten sogar eingeredet, dass es keine Hilfe gibt. So hat man unzählige Menschen, mit Verlaub, „verrecken" lassen.

Frühe Behandlung mit Medikamenten ist sehr wirksam

Ganz wichtig ist: Die wirksamen Medikamente sollen nicht erst im Krankenhaus verabreicht werden, sondern sofort nach der Diagnosestellung, wie es auch bei jeder anderen Erkrankung in der Medizin üblich ist.[112,113] Das Ziel der Medikamenten-Therapie ist es, eine schwere Erkrankung und damit das Risiko eines Krankenhausaufenthalts zu verringern. In einer im Internet nachzulesenden Datenbank sind bis zum Stichtag 29. September 2022 sage und schreibe 2.158 Studien (!) aufgelistet, bei 47 untersuchten COVID-19-Behandlungen. Laut

---

109 https://cordis.europa.eu/article/id/221333-odin-wages-war-against-vitamin-d-deficiency-in-europe/de

110 https://www.nature.com/articles/s41598-022-24053-4

111 https://www.diepresse.com/6056027/kickl-und-die-3b-zur-bekaempfung-der-pandemie

112 https://www.thelancet.com/journals/lanres/article/PIIS2213-2600(21)00171-5/fulltext

113 https://c19early.com/

diesen Studien kann die Sterblichkeit von COVID-19 durch eine frühzeitige medikamentöse Therapie um bis zu 80 Prozent gesenkt werden! In meinem Patientengut ist mir kein Patient bekannt, der auf eine Intensivstation musste oder an COVID-19 gestorben wäre.

Effiziente frühzeitige medikamentöse Therapien bei COVID-19 (https://c19early.com/)

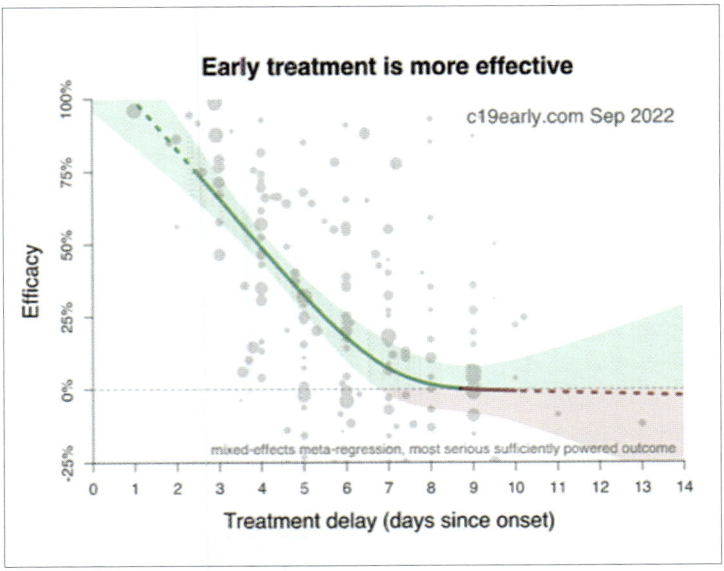

Effiziente frühzeitige medikamentöse Therapien bei COVID-19 (https://c19early.com/)

Die Medikamente sind rezept- und verschreibungspflichtig. Sie dürfen nur von einem Arzt, nach einer Untersuchung, bei genauer Indikationsstellung und unter ärztlicher Kontrolle verschrieben und verabreicht werden. Sie sollen und dürfen auf keinen Fall von Patienten selbst „organisiert“ und ohne ärztliche Aufsicht verabreicht werden. Ein erfahrener Arzt, der die wissenschaftliche Literatur kennt, kann einem COVID-19-Erkrankten aber sehr gut wirksame Medikamente verabreichen.

Medikamentöse Therapie wird immer noch nicht flächendeckend umgesetzt

Seit März 2022 gibt es sogar speziell für COVID-19-Erkrankte entwickelte und zugelassene Medikamente: Paxlovid® und Lagevrio®. Man möchte meinen, dass die Medikamente, die von der Ärztekammer sogar extra beworben wurden, an die vielen COVID-Erkrankten dieses Jahres verabreicht wurden. Doch weit gefehlt: Zwischen März 2022 und dem 15. Juli 2022 wurden in Österreich ganze 24.000 Behandlungen durchgeführt, davon die meisten in Krankenhäusern.[114] Obwohl also täglich tausende Österreicher in dieser Zeit erkrankt waren, wurden in der Relation so gut wie kaum Therapien mit diesen Medikamenten zu Hause durchgeführt.

Wie sehr die Fehlinformation durch Politik und Mainstream-Medien, dass Medikamente gegen COVID-19 nicht helfen, „ganze Arbeit geleistet“ hat, sieht man auch an einem Brief der Führung der Salzburger Ärztekammer vom 5. Oktober 2022. Darin werden allen Ernstes niedergelassene Ärzte in Salzburg „ersucht“, COVID-19-Kranke zu Hause zu behandeln, da die meisten stationären COVID-19-Patienten „lediglich wegen mangelnder Versorgung im häuslichen Umfeld“

---

114 https://www.vienna.at/bisher-24-000-behandlungen-mit-corona-medikamenten-durchgefuehrt/7536700

in den Krankenhäusern aufgenommen werden müssen.[115] Sprich: Sie werden faktisch von Ärzten zu Hause im Stich gelassen, und dadurch sind die Krankenhäuser überlastet.

Dieses Schreiben ist die ultimative Bankrotterklärung der COVID-19-Strategie der Regierung und leider auch der Ärzteschaft. Dass die Ärztekammer in Österreich im Jahr 2022 Ärzte schriftlich „ersuchen“ muss, ihre kranken COVID-19-Patienten zu Hause zu behandeln, damit sie nicht schwer erkranken und ins Krankenhaus eingewiesen werden müssen, macht jeden weiteren Kommentar überflüssig.

115 *https://www.wochenblick.at/corona/statt-zum-hausarzt-corona-patienten-werden-ins-spital-geschickt/*

7. Behauptung: Ivermectin ist ein Wurmmittel

Diese Behauptung ist eine bösartige und dumme Verdrehung der Tatsachen.

Schon lange vor COVID-19 galt Ivermectin als „rätselhaftes vielseitiges Wunder-Medikament“, wie in „Nature“, dem wichtigsten wissenschaftlichen Journal der Welt, bereits 2017 zusammengefasst wurde.[116]

Ivermectin ist nachgewiesenermaßen gegen verschiedene Parasiten, Bakterien und Viren wirksam, zum Beispiel Gelbfieber, Dengue, Japan-Encephalitis, Zecken-Encephalitis und COVID-19. Im Jahr 2015 wurde für die Entdeckung von Ivermectin sogar der Nobelpreis verliehen.

Wegen seiner bekannten antiviralen Aktivität wurde es daher von Anfang an weltweit von Ärzten zur Behandlung von COVID-19 verwendet. Es gibt dazu auch mittlerweile eine äußerst umfangreiche wissenschaftliche Literatur zur Anwendung bei COVID-19.

---

116 https://www.nature.com/articles/ja201711

Verschreibung von Ivermectin im Off-Label-Use zulässig

In Österreich wird Ivermectin im Medikament Scabiroal® seit langem verwendet und kann jedem Patienten, der es benötigt, von einem Arzt auf Rezept verschrieben werden. Ivermectin ist in Österreich noch nicht für die Behandlung von COVID-19 zugelassen, kann aber natürlich als „Off-Label-Use" auch zur Behandlung von COVID-19 angewendet werden. Unter „Off-Label-Use" versteht man laut Bundesamt für Sicherheit im Gesundheitswesen (BASG) die Anwendung eines Arzneimittels im Rahmen einer medizinischen Heilbehandlung außerhalb der Informationen in der Fachinformation.

Off-Label-Use ist nicht verboten, bedarf jedoch erhöhter Sorgfalts- und besonderer Aufklärungspflichten. Die Verantwortung dafür trägt aus Sicht des Bundesamtes für Sicherheit im Gesundheitswesen der behandelnde Arzt.[117] Dieser hat im Rahmen der ärztlichen Therapieverantwortung insbesondere die medizinische und therapeutische Notwendigkeit, nach dem aktuellen Stand der Medizin, nach bestem medizinischem Wissen und unter Berücksichtigung der verfügbaren wissenschaftlichen Evidenz, im Einzelfall zu begründen. Deshalb wurden auch die zu Unrecht „angezettelten" Strafverfahren gegen Ärzte, die Ivermectin zur Behandlung von COVID-19-Patienten eingesetzt hatten, eingestellt. Die Verschreibung von Ivermectin ist nicht illegal.[118]

Der Vollständigkeit halber ist noch zu ergänzen, dass auch die dritten und vierten COVID-19 Impfungen teilweise nicht zugelassen waren und oft nur „Off Label" verabreicht werden

117 *https://www.basg.gv.at/konsumentinnen/wissenswertes-ueber-arzneimittel/gebrauchsinformation/off-label-use*

118 *https://www.sn.at/salzburg/chronik/ermittlungen-gegen-salzburger-arzt-eingestellt-einnahme-von-ivermectin-nicht-kausal-fuer-tod-zweier-patienten-122164228*

konnten.[119] Es liegen noch so gut wie keine Daten vor, welche und wie viele Nebenwirkungen und vor allem Langzeitfolgen nach den Booster-Impfungen auftreten. Zu Ivermectin gibt es hingegen zahllose veröffentlichte Studien und Leitlinien internationaler medizinischer Gesellschaften.

Ivermectin – eines der wichtigsten Arzneimittel weltweit

Ivermectin steht auf der aktuellen Liste der „essential drugs" der WHO, da es zu den wichtigsten, effizientesten und sichersten Arzneimitteln der Welt gehört. Ansonsten wäre es in dieser Liste gar nicht enthalten.[120] Es ist also mitnichten ein „Pferdewurmmittel", wie in den Mainstream-Medien und von diversen Politikern oft fälschlich dargestellt, um die Verwendung zu diskreditieren. Es ist seit Jahrzehnten eines der wichtigsten Medikamente für die Menschen weltweit. Ivermectin wird seit rund 35 Jahren erfolgreich beim Menschen eingesetzt. Bislang wurden damit etwa vier Milliarden Behandlungen weltweit durchgeführt. In all diesen Jahren wurden erst 19 Todesfälle nach der Einnahme dokumentiert, was beweist, dass Ivermectin extrem sicher und nebenwirkungsarm ist.[121] Die COVID-19 Impfungen stehen hingegen nicht auf der Liste der „essential drugs", da noch nicht bewiesen ist, wie wirksam und sicher die Impfungen tatsächlich sind.

Neue Medikamente gegen COVID-19 nur bedingt oder gar nicht zugelassen

2021 riet die Firma MSD (Merck Sharp & Dohme Ges.m.b.H.) von der Verwendung von Ivermectin bei COVID-19 ab. Dies

---

119 https://www.sozialministerium.at/dam/jcr:8616865e-220a-495d-9c10-617496243e9a/COVID-19-Impfungen__Anwendungsempfehlung_des_Nationalen_Impfgremiums_10.3_(Stand_10.08.2022).pdf

120 https://www.who.int/publications/i/item/WHO-MHP-HPS-EML-2021.02

121 https://www.biznews.com/thought-leaders/2021/05/12/mailbox-ivermectin

geschah sicherlich nicht uneigennützig, denn die Firma MSD vermarktet gerade ihr neues Arzneimittel Lagevrio®, ein neues Medikament gegen COVID-19.[122] Dieses neue Medikament ist natürlich unter Patentschutz und daher teuer. Die Firma MSD ist deshalb bei der Beurteilung von Arzneimitteln gegen COVID-19 als befangen anzusehen. Das Unternehmen wird wohl kaum das billige Konkurrenzprodukt Ivermectin empfehlen, da so die erhofften Gewinne wahrscheinlich geschmälert würden. Das Patent von Ivermectin ist seit langem abgelaufen. Es wird weltweit von einer Vielzahl von Firmen als sogenanntes Generikum produziert und ist deshalb billig und weit verbreitet. Ähnliche Motive hat die Firma Pfizer, die mit ihrem COVID-19-Medikament Paxlovid® ebenfalls viel Geld verdienen will.[123] Entscheidend ist aber, dass Paxlovid® nur bedingt zugelassen ist und Lagevrio® gar nicht.[124] Lagevrio® kann in Österreich nur als „Compassionate Use" verwendet werden. Diese Art der Anwendung bietet die Möglichkeit, Patienten noch nicht zugelassene Arzneimittel zur Verfügung zu stellen.[125] Man erkennt ein einfaches Muster: Bei den Covid-19-Impfungen und den neuen teuren Medikamenten der Pharmariesen wird ohne Diskussion akzeptiert, wenn sie nicht oder nur bedingt zugelassen sind. Ein alternatives Medikament wie Ivermectin, das unzähligen Menschen das Leben gerettet hat und günstig zu erhalten ist, wird hingegen plötzlich von den Mainstream-Medien als „Pferdewurmmittel" lächerlich gemacht. Haben die spottenden Mainstream-Journalisten und Berufspolitiker zu Ivermectin wirklich recherchiert?

---

122 *https://www.ots.at/presseaussendung/OTS_20211216_OTS0253/liefervereinbarung-fuer-orales-covid-19-medikament-lagevrio-molnupiravir-bild*

123 *https://www.gesundheit.de/krankheiten/infektionskrankheiten/atemwegsinfektionen/coronavirus/paxlovid*

124 *https://www.basg.gv.at/covid-19/covid-19-therapeutika*

125 *https://www.basg.gv.at/fuer-unternehmen/arzneimittel-informationen/compassionate-use-1*

Zahlreiche Studien beweisen die Wirksamkeit von Ivermectin gegen COVID-19

Mit Stichtag 15. September 2022 waren in einer eigens für Ivermectin eingerichteten Datenbank 181 (!) veröffentlichte Ivermectin-COVID-19-Studien dokumentiert, darunter 131 peer reviewed studies (vor der Publikation überprüft), 91 Studien mit Kontrollgruppen und 41 randomized controlled trials (sehr hoher Grad der Evidenz).[126] Die Verwendung von Ivermectin führt zu signifikanten Reduktionen bei schweren Verläufen, Einweisungen in Intensivstationen und der Sterblichkeit, vor allem wenn Ivermectin früh eingesetzt wird. In etlichen Ländern ist Ivermectin zur Frühbehandlung von COVID-19 offiziell eingeführt.

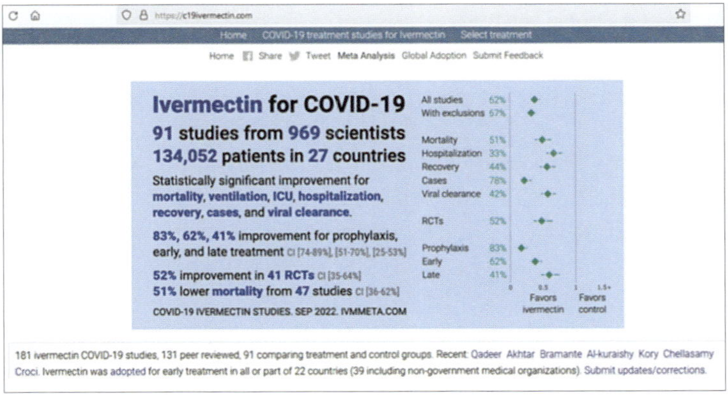

Studien zur Wirksamkeit von Ivermectin (https://c19ivermectin.com/)

Aufgrund seiner hohen Wirksamkeit wird Ivermectin derzeit bereits bei 27 Prozent der Weltbevölkerung als Medikament gegen COVID-19 angewendet, auch in der EU. Zieht man die Länder ab, in denen die COVID-19-Sterblichkeit gegen Null geht, sind es sogar 44 Prozent der Weltbevölkerung.[127]

---

126 https://c19ivermectin.com/

127 https://ivmstatus.com/

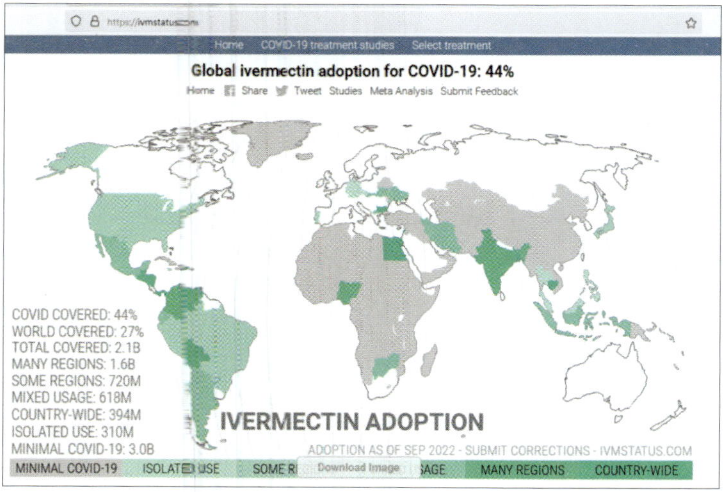

Weltweiter Einsatz von Ivermectin (https://ivmstatus.com/)

Ivermectin senkt das Sterberisiko bei COVID-19

Zu Beginn der Pandemie 2020 wurde erwartet, dass Afrika das „Massengrab“ der Pandemie werden würde. Auch von Seiten der WHO erwartete man eine Katastrophe in Afrika. Aber nichts davon geschah. Im Gegenteil – in Nigeria, dem bevölkerungsreichsten Land Afrikas, mit circa 210 Millionen Einwohnern, sind bis dato knapp über 3.000 Menschen an COVID-19 gestorben, also nur rund ein Siebtel der Toten von Österreich – bei einer Bevölkerung von über 210 Millionen Menschen ![128]

128 https://covid19.who.int/region/afro/country/ng

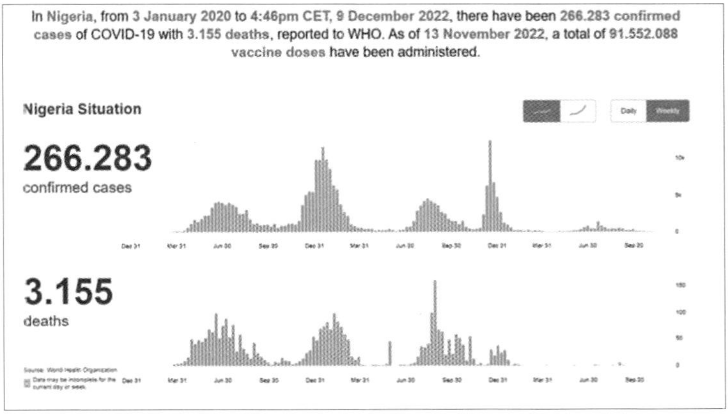

WHO-Dashboard: COVID-19-Todesfälle in Nigeria bis 13. November 2022

Es ist klar, dass die Wissenschaft verwirrt und fasziniert nach Afrika blickt – und auffallend schweigt. Denn ein logischer Faktor für die niedrigen Todeszahlen ist Ivermectin. Es ist frappierend, dass dort, wo in Afrika Ivermectin in großen Mengen gegen Parasiten eingesetzt wird, die Sterblichkeit an COVID-19 signifikant geringer ist.[129] COVID-19 ist in Zentralafrika faktisch kein Thema. Dort gibt es keine Masken (zu teuer), kaum Impfungen (viel zu teuer), keine Lockdowns (die Menschen müssen arbeiten, um zu überleben) – und in vielen Ländern so gut wie keine Toten.

In Brasilien wurden in einer Vergleichs-Studie 45.716 Patienten nicht mit Ivermectin behandelt, 113.845 Patienten hingegen schon. In der Gruppe der mit Ivermectin behandelten Patienten waren das Sterberisiko um 70 Prozent und das Risiko für einen Krankenhausaufenthalt um 67 Prozent geringer.[130]

129 https://www.medrxiv.org/content/10.1101/2021.03.26.21254377v1.full.pdf

130 https://www.researchgate.net/publication/357313430_Ivermectin_Prophylaxis_Used_for_COVID-19_Reduces_COVID-19_Infection_and_Mortality_Rates_A_City-Wide_Prospective_Observational_Study_of_223128_Subjects_Using_Propensity_Score_Matching

In Tennessee wurde im April 2021 ein neues Gesetz beschlossen. Da Ivermectin bei COVID-19 so gut wirkt, kann jeder Bürger von Tennessee, der an COVID-19 erkrankt ist, Ivermectin ohne Rezept in den Apotheken kaufen.[131] In den USA aber auch weltweit verschreiben Ärzte Ivermectin gegen COVID-19. Es liegen auch Metaanalysen vor, in denen etliche Studien zusammengefasst und der Nutzen von Ivermectin zur Behandlung von COVID-19 beurteilt wurden. Solche Analysen stellen den höchsten Grad an wissenschaftlicher Evidenz dar. In einer dieser Metaanalysen zeigte sich, dass Ivermectin das Infektionsrisiko durchschnittlich um 86 Prozent senkt und das Risiko an COVID-19 zu sterben um 62 Prozent.[132] Mit anderen Worten: Die Einnahme von Ivermectin allein hätte rund zwei Dritteln der an COVID-19 Erkrankten wohl das Leben gerettet, in Österreich, Deutschland und weltweit.

Ivermectin gehört zur Standardbehandlung in offiziellen Behandlungsrichtlinien

Aufgrund dieser umfangreichen Daten haben mittlerweile etliche internationale medizinische Fachgesellschaften Ivermectin in ihre Behandlungsrichtlinien und Leitlinien zur Behandlung von COVID-19 aufgenommen. Als Beispiele seien hier die Leitlinien der Association of American Physicians and Surgeons[133], das Protokoll der Front Line COVID-19 Critical Care Alliance FLCCC[134] und die COVID-19-Protokolle der British Ivermectin Recommendation Group[135] angeführt.

---

131 *https://thehill.com/homenews/state-watch/3261642-tennessee-senate-passes-bill-to-allow-over-the-counter-sales-of-ivermectin/*

132 *https://journals.lww.com/americantherapeutics/fulltext/2021/08000/ivermectin_for_prevention_and_treatment_of.7.aspx*

133 *https://aapsonline.org/CovidPatientTreatmentGuide.pdf*

134 *https://covid19criticalcare.com/de/covid-19-Protokolle/Ich-k%C3%BCmmere-mich-um-eine-fr%C3%BChe-Covid-Behandlung/*

135 *https://bird-group.org/protocols/*

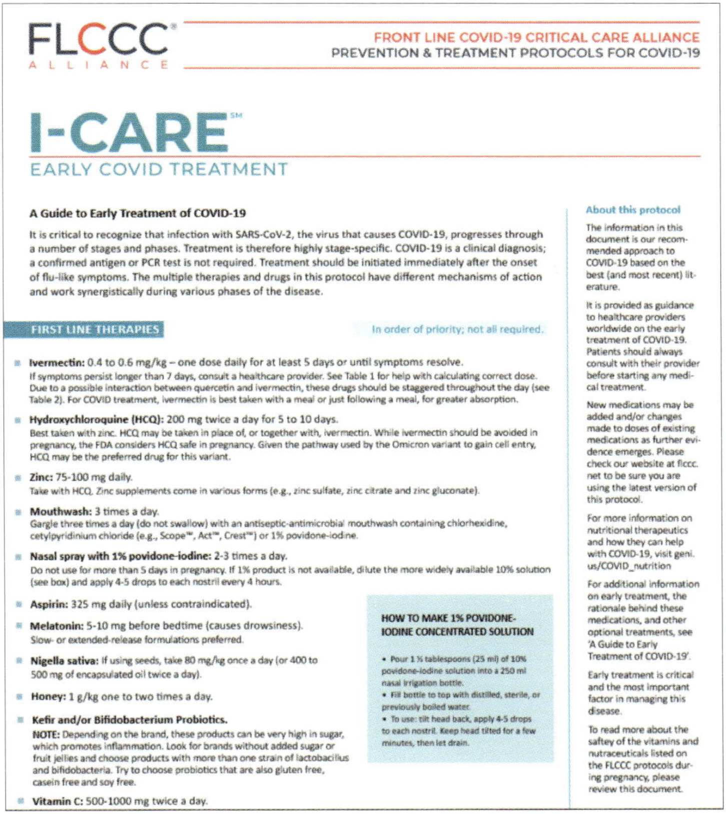

FLCCC® ALLIANCE

FRONT LINE COVID-19 CRITICAL CARE ALLIANCE
PREVENTION & TREATMENT PROTOCOLS FOR COVID-19

I-CARE℠

EARLY COVID TREATMENT

A Guide to Early Treatment of COVID-19

It is critical to recognize that infection with SARS-CoV-2, the virus that causes COVID-19, progresses through a number of stages and phases. Treatment is therefore highly stage-specific. COVID-19 is a clinical diagnosis; a confirmed antigen or PCR test is not required. Treatment should be initiated immediately after the onset of flu-like symptoms. The multiple therapies and drugs in this protocol have different mechanisms of action and work synergistically during various phases of the disease.

FIRST LINE THERAPIES — In order of priority; not all required.

- **Ivermectin:** 0.4 to 0.6 mg/kg – one dose daily for at least 5 days or until symptoms resolve.
  If symptoms persist longer than 7 days, consult a healthcare provider. See Table 1 for help with calculating correct dose. Due to a possible interaction between quercetin and ivermectin, these drugs should be staggered throughout the day (see Table 2). For COVID treatment, ivermectin is best taken with a meal or just following a meal, for greater absorption.
- **Hydroxychloroquine (HCQ):** 200 mg twice a day for 5 to 10 days.
  Best taken with zinc. HCQ may be taken in place of, or together with, ivermectin. While ivermectin should be avoided in pregnancy, the FDA considers HCQ safe in pregnancy. Given the pathway used by the Omicron variant to gain cell entry, HCQ may be the preferred drug for this variant.
- **Zinc:** 75-100 mg daily.
  Take with HCQ. Zinc supplements come in various forms (e.g., zinc sulfate, zinc citrate and zinc gluconate).
- **Mouthwash:** 3 times a day.
  Gargle three times a day (do not swallow) with an antiseptic-antimicrobial mouthwash containing chlorhexidine, cetylpyridinium chloride (e.g., Scope™, Act™, Crest™) or 1% povidone-iodine.
- **Nasal spray with 1% povidone-iodine:** 2-3 times a day.
  Do not use for more than 5 days in pregnancy. If 1% product is not available, dilute the more widely available 10% solution (see box) and apply 4-5 drops to each nostril every 4 hours.
- **Aspirin:** 325 mg daily (unless contraindicated).
- **Melatonin:** 5-10 mg before bedtime (causes drowsiness).
  Slow- or extended-release formulations preferred.
- **Nigella sativa:** If using seeds, take 80 mg/kg once a day (or 400 to 500 mg of encapsulated oil twice a day).
- **Honey:** 1 g/kg one to two times a day.
- **Kefir and/or Bifidobacterium Probiotics.**
  NOTE: Depending on the brand, these products can be very high in sugar, which promotes inflammation. Look for brands without added sugar or fruit jellies and choose products with more than one strain of lactobacillus and bifidobacteria. Try to choose probiotics that are also gluten free, casein free and soy free.
- **Vitamin C:** 500-1000 mg twice a day.

HOW TO MAKE 1% POVIDONE-IODINE CONCENTRATED SOLUTION

- Pour 1 ½ tablespoons (25 ml) of 10% povidone-iodine solution into a 250 ml nasal irrigation bottle.
- Fill bottle to top with distilled, sterile, or previously boiled water.
- To use: tilt head back, apply 4-5 drops to each nostril. Keep head tilted for a few minutes, then let drain.

About this protocol

The information in this document is our recommended approach to COVID-19 based on the best (and most recent) literature.

It is provided as guidance to healthcare providers worldwide on the early treatment of COVID-19. Patients should always consult with their provider before starting any medical treatment.

New medications may be added and/or changes made to doses of existing medications as further evidence emerges. Please check our website at flccc.net to be sure you are using the latest version of this protocol.

For more information on nutritional therapeutics and how they can help with COVID-19, visit geni.us/COVID_nutrition

For additional information on early treatment, the rationale behind these medications, and other optional treatments, see 'A Guide to Early Treatment of COVID-19'.

Early treatment is critical and the most important factor in managing this disease.

To read more about the saftey of the vitamins and nutraceuticals listed on the FLCCC protocols during pregnancy, please review this document.

Protokoll der FLCCC zur frühzeitigen Behandlung von COVID-19

Ein Arzt, der Ivermectin zur Behandlung von COVID-19 verschreibt, ist also kein „Spinner“ oder „Covidiot“, im Gegenteil. Er kann und darf seinen Patientinnen und Patienten bei Bedarf Ivermectin als weitere Therapieoption anbieten und kann sich neben der umfangreichen vorhandenen wissenschaftlichen Evidenz sogar noch auf internationale Erfahrungen und anerkannte und publizierte Leitlinien berufen und sich entsprechend der ärztlichen Empfehlungen verhalten. Die Österreichische Ärztekammer zeigte mich im Dezember 2021 an und wollte mich disziplinarrechtlich verurteilen, weil ich in einer Pressekonferenz die Verwendung von Ivermectin bei COVID-19-Kranken unter strenger ärztlicher Aufsicht und Kontrolle empfohlen hatte. Das Landesverwaltungsgericht Tirol entschied erst kürzlich, dass diese Aussagen „keine unwahre Information" waren. Meine Ausführungen, auch in diesem Buch, sind also quasi per Gerichtsurteil bestätigt.

8. Behauptung: Die Impfstoffe sind bestens getestet

Von Medien und Politik wurde und wird immer wieder behauptet, dass die COVID-19-Impfstoffe zwar in einem beschleunigten Verfahren entwickelt wurden, aber dennoch gut erprobt seien.[136] Die Europäische Arzneimittelagentur EMA hat bei der bedingten Zulassung der COVID-19-Impfstoffe ein Schnellverfahren durchgeführt, um die Anträge der Pharma-Firmen so rasch wie möglich begutachten zu können.[137] Es ging der EMA ganz offiziell bei der bedingten Zulassung der COVID-19-Impfstoffe um ein möglichst hohes Tempo. Dass das natürlich auf Kosten der Qualität der Zulassung gehen muss, ist logisch.

Alle Impfstoffe gegen COVID-19 sind Arzneimittel gemäß Arzneimittelgesetz und wurden zunächst nur bedingt zugelassen[138], mit Ausnahme des Totimpfstoffs von Valneva.[139] Die Impfstoffe von Moderna und Biontech/Pfizer erhielten im Oktober 2022 – für viele unverständlich – eine Standardzulassung.[140] Eine „bedingte Zulassung“, eine „conditional market authorisation“, bedeutet, dass ein Arzneimittel nicht

---

136 https://www.zusammengegencorona.de/impfen/so-sicher-ist-die-corona-schutz-impfung/

137 https://ec.europa.eu/commission/presscorner/detail/de/qanda_20_2390

138 https://www.mdr.de/nachrichten/deutschland/wirtschaft/corona-impfstoff-bedingte-zulassung-warum-100.html

139 https://www.focus.de/gesundheit/news/erste-standard-zulassung-valneva-vakzin-in-der-eu-zugelassen-was-der-echte-totimpstoff-kann_id_108170542.html

140 https://www.pei.de/DE/newsroom/hp-meldungen/2022/220916-chmp-standard-zulassung-comirnaty-spikevax.html

„vollständig" zugelassen ist, sondern nur unter strengen Auflagen und befristet. Eine Tatsache, die in der Öffentlichkeit gerne totgeschwiegen wurde. Die Empfehlung der Umwandlung in eine Standardzulassung gilt interessanterweise auch für alle künftigen angepassten COVID-19-Impfstoffprodukte dieser beiden Firmen. Die beiden Pharmafirmen erhielten also im Oktober 2022 faktisch einen „Blankoscheck".

Die Impfungen waren teilweise nicht zugelassen („off label")

Die dritten und vierten Impfungen waren längere Zeit überhaupt nicht zugelassen, wie man in den Empfehlungen des österreichischen Nationalen Impfgremiums vom 10. August 2022 jederzeit nachlesen kann.[141] Diese Impfungen wurden als „Off-Label-Use" verabreicht. Gemeint ist damit, dass ein Arzneimittel gegen eine Krankheit eingesetzt wird, für die es von den Zulassungsbehörden keine Genehmigung hat.

Off-Label-Use, wie etwa auch die Verwendung von Ivermectin bei COVID-19, ist nicht verboten, bedarf jedoch erhöhter Sorgfalts- und besonderer Aufklärungspflichten.[142] Dazu gehört die besondere Beachtung möglicher Risiken und Nebenwirkungen. Die Verantwortung dafür trägt aus Sicht des Bundesamtes für Sicherheit im Gesundheitswesen in erster Linie der behandelnde Arzt. Dieser hat im Rahmen der ärztlichen Therapieverantwortung die medizinische und therapeutische Notwendigkeit der Impfung – unter Berücksichtigung der Situation des Patienten und nach dem aktuellen Stand der Medizin (nach bestem medizinischem Wissen unter Berücksichtigung der verfügbaren wissenschaftlichen Evidenz) – im Einzelfall zu begründen.

---

141 https://www.sozialministerium.at/dam/jcr:8616865e-220a-495d-9c10-617496243e9a/COVID-19-Impfungen__Anwendungsempfehlung_des_Nationalen_Impfgremiums_10.8_(Stand_10.08.2022).pdf

142 https://www.basg.gv.at/konsumentinnen/wissenswertes-ueber-arzneimittel/gebrauchsinformation/off-label-use

Tabelle 6: Impfschema Auffrischungsimpfung („4. Impfung", off-label-Anwendung)				
Personengruppe	**Empfehlung**	**Altersgruppe**	**Impfstoff und Dosierung**	**Intervall 3. und 4. Impfung**
Schwerwiegend immungeschwächte bzw. stark immunsupprimierte Personen (altersunabhängig)	entsprechend den individuellen Bedürfnissen (evtl. präexpositionelle Prophylaxe mit monoklonalen AK!)		Comirnaty 0,3 mL (30 µg) oder Spikevax 0,5 mL (100 µg)	entsprechend den individuellen Bedürfnissen auch mehr Impfungen
Risikopersonen ab 12 Jahren (siehe Tabelle 3) und Personen ab 60 Jahren	4. Impfung allgemein empfohlen	12-29 Jahre	Comirnaty 0,3 mL (30 µg)	frühestens 4 Monate, jedenfalls aber ab 6 Monaten
		≥30 Jahre	Comirnaty 0,3 mL (30 µg) oder Spikevax 0,25 mL (50 µg)	
Gesunde, immunkompetente Personen von 12 bis 59 Jahren	Dzt. nicht allgemein empfohlen, auf Wunsch/als Individualimpfung möglich	12-29 Jahre	Comirnaty 0,3 mL (30 µg)	frühestens ab 4 Monaten, besser aber erst nach 6 Monaten
		≥30 Jahre	Comirnaty 0,3 mL (30 µg) oder Spikevax 0,25 mL (50 µg)	

COVID-19-Impfungen, Anwendungsempfehlungen des österreichischen Nationalen Impfgremiums vom 10. August 2022

Das Problem ist: Die Booster-Impfstoffe wurden eben nicht im Einzelfall, unter besonderer Berücksichtigung der wissenschaftlichen Daten, die gab und gibt es zur vierten Impfung logischerweise noch nicht, und des Zustands des einzelnen Patienten verabreicht. Stattdessen wurden die Booster-Impfungen massenweise der gesamten Bevölkerung, vom Kindesalter an, angeboten. So etwas hat es in der Geschichte der modernen Medizin bisher noch nie gegeben.

Wenn ein Arzt einen Patienten nicht umfassend aufgeklärt hat, also nicht darüber aufgeklärt hat, dass die jeweilige Impfung nicht zugelassen war oder ihm mögliche Risiken verschwiegen hat, trägt er das volle Haftungsrisiko bei Impfschäden. Ärzte und Juristen gehen davon aus, dass eine wahre Prozess- und Schadenersatzflut auf uns Ärzte zukommen wird.

Impfstoffe sollten besonders überwacht sein

Die COVID-19-Impfstoffe sind immer noch besonders gekennzeichnet[143], und zwar mit einem schwarzen auf der Spitze stehenden Dreieck in den Gebrauchsinformationen (▼). Diese Kennzeichnung bedeutet, dass die COVID-19-Impfungen zusätzlich überwacht werden, oder – besser formuliert – überwacht werden sollten.[144]

> **Gebrauchsinformation: Information für Anwender**
>
> **Comirnaty Original/Omicron BA.4-5 (5/5 Mikrogramm)/Dosis Konzentrat zur Herstellung einer Injektionsdispersion**
> **Kinder 5 bis 11 Jahren**
> **COVID-19-mRNA-Impfstoff (Nukleosid-modifiziert)**
> **Tozinameran/Famtozinameran**
>
> ▼Dieses Arzneimittel unterliegt einer zusätzlichen Überwachung. Dies ermöglicht eine schnelle Identifizierung neuer Erkenntnisse über die Sicherheit. Sie können dabei helfen, indem Sie jede auftretende Nebenwirkung ihres Kindes melden. Hinweise zur Meldung von Nebenwirkungen, siehe Ende Abschnitt 4.

Gebrauchsinformation des Impfstoffs von Biontech/Pfizer, 6. Dezember 2022

Eine solche zusätzliche Überwachung ist für Arzneimittel vorgesehen, zu denen weniger Informationen als zu normal zugelassenen Arzneimitteln zur Verfügung stehen, zum Beispiel über Langzeitfolgen. So soll eine schnelle Identifizierung neuer Erkenntnisse über die Sicherheit ermöglicht werden. Angehörige von Gesundheitsberufen sind verpflichtet, jeden Verdachtsfall einer Nebenwirkung zu melden. Und genau

143 *https://www.basg.gv.at/covid-19/covid-19-impfstoffe*

144 *https://www.basg.gv.at/fuer-unternehmen/zulassung-life-cycle/faq-zulassung-life-cycle/schwarzes-dreieck*

hier liegt das Problem: Nur ein Bruchteil der Verdachtsfälle von Nebenwirkungen wird gemeldet.[145] So wird aber das Ziel, so früh wie möglich zusätzliche Informationen über Nebenwirkungen und ausbleibende Wirksamkeit zu gewinnen, von vornherein unmöglich gemacht.

Projekt Lightspeed

Am 10. Januar 2020 wurde die Gensequenz des SARS-Cov-2-Virus veröffentlicht.[146,147] Der Chef der Firma Biontech, Ugur Sahin, erzählt, dass er am 12. Januar 2020 in der Fachzeitschrift „The Lancet" über ein neues und hochansteckendes Virus, das in China aufgetaucht war, las. Er initiierte daraufhin zusammen mit seinem Team das „Projekt Lightspeed", um einen Impfstoff gegen COVID-19 zu entwickeln.[148] Das Interessante ist, dass ich trotz genauer Recherche keine Publikation in Lancet mit diesem Datum gefunden habe, sondern nur eine, die erst eineinhalb Wochen später erschienen ist.[149] Jedenfalls wusste Ugur Sahin auffallend früh, dass unbedingt eine Impfung gegen dieses Virus entwickelt werden sollte.

Es dauerte dann nicht einmal ein Jahr, bis die ersten Impfstoffe von Biontech injiziert wurden. Das ist einmalig in der Medizingeschichte, denn normalerweise dauert die Entwicklung und Erforschung eines Impfstoffes viele Jahre.

---

145 *https://www.focus.de/gesundheit/ausmass-bleibt-unklar-viele-impfnebenwirkungen-nicht-gemeldet-ministerium-verschleppte-wichtige-datenerfassung_id_79102312.html*

146 *https://virological.org/t/novel-2019-coronavirus-genome/319*

147 *https://www.science.org/content/article/chinese-researchers-reveal-draft-genome-virus-implicated-wuhan-pneumonia-outbreak*

148 *https://www.biontech.com/de/de/home/covid-19/project-lightspeed.html*

149 *https://www.thelancet.com/article/S0140-6736(20)30183-5/fulltext*

Wie wird ein Impfstoff normalerweise entwickelt?

Bevor ein neues Arzneimittel, etwa ein neuer Impfstoff, am Menschen getestet werden kann, müssen normalerweise in sogenannten präklinischen Studien in Zellkulturen und in Tierversuchen die Sicherheit und die Immunogenität (Fähigkeit des Antigens, eine Immunisierung auszulösen), die Wirksamkeit und die Sicherheit des Impfstoffs getestet werden. Außerdem muss nachgewiesen werden, dass der Impfstoff in guter Qualität und allen hohen Anforderungen entsprechend hergestellt werden kann.[150] Und genau hier liegt das Probleme; diese vorklinischen Tests und pharmakologischen Sicherheitsstudien kosten normalerweise Zeit, viel Zeit.[151] Normalerweise dauert es Jahre, bis ein neues Arzneimittel überhaupt in klinischen Studien am Menschen getestet werden kann, und die klinischen Studien dauern wieder Jahre, bis ein Arzneimittel zugelassen werden kann.[152] Im Durchschnitt nimmt die Entwicklung eines neuen Arzneimittels 13 Jahre in Anspruch, wie die PHARMIG, der Verband der pharmazeutischen Industrie Österreichs, erklärt.

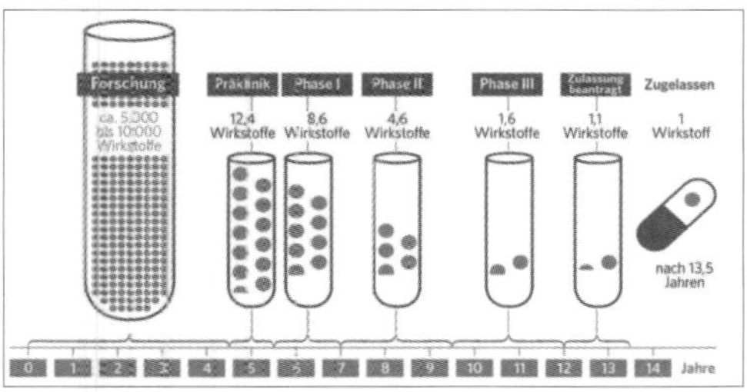

Quelle: Verband der pharmazeutischen Industrie Österreichs, normale Entwicklung eines Arzneimittels, Zeitdauer im Durchschnitt 13 Jahre.

---

150 https://www.ages.at/mensch/arzneimittel-medizinprodukte/entwicklung-zulassung-von-impfstoffen

151 https://toolbox.eupati.eu/resources/praeklinische-anforderung-vor-first-in-human-studien/?lang=de

152 https://www.pharmig.at/arzneimittel/forschung-entwicklung/

Wie konnte also Biontech seinen Impfstoff so schnell, in nicht einmal einem Jahr, entwickeln? Die Antwort ist ganz einfach: Wesentliche präklinische Tests wurden nicht durchgeführt. Man sparte sich so Zeit auf Kosten der Sicherheit. Im Januar 2021 gab Pfizer, der Partner von Biontech[153], gegenüber der australischen Regierung an, dass bei der präklinischen Entwicklung, also bei den Tests vor der Anwendung beim Menschen, „keine pharmakologischen Sicherheitsstudien durchgeführt wurden“.[154] Das kann jeder, der das nicht glauben kann, selbst auf Seite 38 unter Punkt 3 durchlesen. Faktisch werden die pharmakologischen Sicherheitsstudien an den Geimpften „nachgeholt“. Ein medizinischer Wahnsinn!

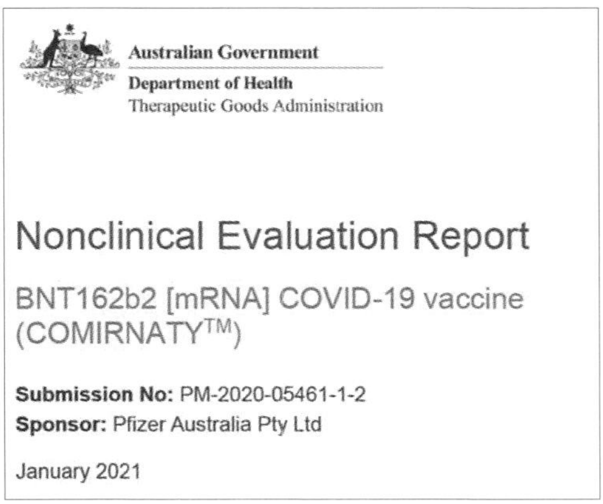

Australian Government
Department of Health
Therapeutic Goods Administration

Nonclinical Evaluation Report

BNT162b2 [mRNA] COVID-19 vaccine (COMIRNATY™)

Submission No: PM-2020-05461-1-2
Sponsor: Pfizer Australia Pty Ltd

January 2021

Präklinischer Bericht der Firma Pfizer an die australische Regierung, Januar 2021

153 *https://biontechse.gcs-web.com/de/news-releases/news-release-details/biontech-und-pfizer-geben-weitere-details-zur-kollaboration*

154 *https://www.tga.gov.au/sites/default/files/foi-2389-06.pdf*

Schlampereien und Zweifel an den Zulassungsstudien

Die Entwicklung von neuen Impfstoffen benötigt also normalerweise viel Zeit. Zeit, die man bei der Entwicklung der COVID-19-Impfungen angeblich nicht hatte, zumindest wurde das behauptet. Gerade die Politik machte Druck und wollte die Impfstoffe möglichst schnell zur Verfügung zu haben.[155] Der österreichische Bundeskanzler Sebastian Kurz freute sich über die „rasche Entwicklung" des Impfstoffs und bezeichnete die Impfung als „game changer". Zwei Jahre später haben wir immer noch Infektionswelle um Infektionswelle trotz aller Impfkampagnen und immer mehr Geimpfte mit Impfschäden.

Wir haben ein weiteres großes Problem neben den fehlenden pharmakologischen Sicherheitsstudien. Es mehren sich die Hinweise, dass auch bei den klinischen Studien am Menschen, bei den Zulassungsstudien, vorsichtig formuliert „gehudelt" wurde. Enthüllungen einer an der Zulassungsstudie für den Impfstoff von Biontech/Pfizer beteiligten Mitarbeiterin zeigen, dass es dabei zu zahlreichen „Schlampereien" kam, die durchaus das Ergebnis verfälscht haben könnten.[156] Es steht der Verdacht im Raum, dass die veröffentlichten Daten nicht stimmen, zumindest ungenau sind.

Die Vorwürfe gehen aber mittlerweile noch weiter.[157] Schon 2021 wurde vom Co-Herausgeber des British Medical Journal, einer der renommiertesten medizinischen Zeitungen, das Fehlen wichtiger Daten und eine Reihe von Unklarheiten

155 Bundeskanzler Kurz: Impfung ist Game Changer – „Dieser Tag wird in die Geschichte eingehen" - Bundeskanzleramt Österreich

156 https://www.zentrum-der-gesundheit.de/news/gesundheit/covid-19/corona-impfstoff-studie

157 https://tkp.at/2022/01/21/bmj-herausgeber-fordern-offenlegung-von-daten-der-zulassungsstudien-der-corona-impfstoffe/

und Widersprüchen kritisiert.[158] Schon damals wurde erklärt, dass man die Rohdaten, nicht nur die überarbeiteten Daten der Pharmafirmen, für eine genaue Beurteilung der Impfstoffe gebraucht hätte. Drei Herausgebern des British Medical Journal platzte im Januar 2022 offenbar der Kragen, denn sie forderten zu den COVID-19-Impfungen: „Wir brauchen die Rohdaten, jetzt!" Die Daten sollten endlich vollständig und sofort für die Öffentlichkeit zugänglich sein.[159] Mittlerweile werden die Zulassungsstudien also ganz offen von hochrangigen Wissenschaftlern und wissenschaftlichen Fachzeitschriften angezweifelt.

Pharma-Industrie wenig vertrauenswürdig

Die Pharma-Industrie ist eine der am wenigsten vertrauenswürdigen Industrie-Branchen.[160] Mindestens drei der vielen Unternehmen, die COVID-19-Impfstoffe herstellen, haben rechtliche Vergleiche mit hohen Zahlungen an die US-Regierung hinter sich, die sie elf Milliarden Dollar gekostet haben. Die Vorwürfe haben es in sich: Die Firmen mussten sich unter anderem wegen verdeckter Provisionen, trügerischer Marketing-Praktiken, wegen des Versagens beim Melden von Sicherheitsdaten, des Vermarktens von Arzneimitteln trotz unzureichender Beweise für deren Wirksamkeit und wegen falscher Angaben zur Sicherheit von Medikamenten mit Milliardenzahlungen verantworten. Ein Unternehmen bekannte sich des Betrugs schuldig.[161]

---

158 h ttps://blogs.bmj.com/bmj/2021/01/04/peter-doshi-pfizer-and-modernas-95-effective-vaccines-we-need-more-details-and-the-raw-data/

159 https://www.bmj.com/content/376/bmj.o102.full

160 https://news.gallup.com/poll/266060/big-pharma-sinks-bottom-industry-rankings.aspx

161 https://www3.med.unipmn.it/papers/2012/NEJM/2012-09-20_nejm/nejmp1209249.pdf

Table 1. Largest Pharmaceutical-Company Settlements with the U.S. Government, 2009–Present.*

Company and Year of Settlement	Settlement Amount (billions of $)	Drugs	Alleged Misconduct
Amgen, pending	0.76	Aranesp (darbepoetin alfa)	Kickbacks, off-label promotion
Johnson & Johnson, pending	1.50–2.20	Risperdal (risperidone), Natrecor (nesiritide), Invega (paliperidone)	Deceptive marketing practices, kickbacks
GlaxoSmithKline, 2012	3.00	Paxil (paroxetine), Wellbutrin (bupropion), Avandia (rosiglitazone), Advair (fluticasone/salmeterol), Lamictal (lamotrigine), Zofran (ondansetron), Imitrex (sumatriptan), Lotronex (alosetron), Flovent (fluticasone), Valtrex (valacyclovir)	Off-label promotion, failure to report safety data, false and misleading promotion
Abbott Laboratories, 2012	1.50	Depakote (valproic acid)	Off-label promotion and marketing despite inadequate evidence of effectiveness
Merck, 2011	0.95	Vioxx (rofecoxib)	Off-label promotion, false and misleading statements about safety
Novartis, 2010	0.42	Trileptal (oxcarbazepine), Diovan (valsartan), Zelnorm (tegaserod), Sandostatin (octreotide), Exforge (amlodipine and valsartan), Tekturna (aliskiren)	Off-label promotion, kickbacks
AstraZeneca, 2010	0.50	Seroquel (quetiapine)	Off-label promotion, kickbacks
Pfizer, 2009	2.30	Bextra (valdecoxib), Geodon (ziprasidone), Zyvox (linezolid), Lyrica (pregabalin), Aricept (donepezil), Celebrex (celecoxib), Lipitor (atorvastatin), Norvasc (amlodipine), Relpax (eletriptan), Viagra (sildenafil), Zithromax (azithromycin), Zoloft (sertraline), Zyrtec (cetirizine)	Off-label promotion, promotion with the intent to defraud or mislead, kickbacks
Eli Lilly, 2009	1.40	Zyprexa (olanzapine) and others	Off-label promotion, failure to provide information on side effects

* Information is from the Department of Justice and from Securities and Exchange Commission filings.

Milliarden-Zahlungen von Pharmafirmen an die US-Regierung 2009-2012

Die COVID-Pandemie hat viele neue Pharma-Milliardäre hervorgebracht. Impfstoffhersteller haben Einnahmen in zweistelliger Milliardenhöhe gemeldet.[162] Es ist einfach verdächtig, dass die Pharmafirmen die Originaldaten ihrer Impfstoffstudien so lange wie möglich geheim halten und daher mehr als verständlich, dass immer mehr Wissenschaftler die Offenlegung der Originaldaten der COVID-19-Studien von Biontech/Pfizer und Moderna fordern.[163]

Behörden sollten Gesundheit der Bevölkerung schützen

Es ist inakzeptabel, dass Pharmaunternehmen riesige Profite machen ohne pharmakologische Sicherheitsdaten und ohne angemessene unabhängige Überprüfung ihrer wissenschaft-

162 *https://edition.cnn.com/2021/05/21/business/covid-vaccine-billionaires/index.html*

163 *https://www.bmj.com/content/378/bmj.o1731*

lichen Ansprüche.[164] Die Aufgabe der Regulierungsbehörden besteht nicht darin, im Einklang mit den reichen globalen Pharmakonzernen zu handeln. Sie sollten eigentlich die Gesundheit der Bevölkerung schützen. Gerade bei einer weltumspannenden Impfkampagne! Da die Datenlage nicht ausreicht, mehren sich in Wissenschaftskreisen die Zweifel, ob die Daten zu den mRNA-Impfstoffen überhaupt stimmen.[165]

Was außerdem meist verschwiegen wird, ist die Tatsache, dass Moderna und Biontech/Pfizer nach der bedingten Zulassung der Impfstoffe „spezifische Verpflichtungen zum Abschluss von Maßnahmen nach der Zulassung unter besonderen Bedingungen" mit der EMA, der Europäischen Arzneimittelbehörde, vereinbart haben. Moderna hat so von der EMA viel Zeit bekommen, die Wirksamkeit seines mRNA-Impfstoffes in der Studie mRNA-1273-P204 abschließend nachzuweisen, nämlich bis 31. März 2024.[166] Und Biontech/Pfizer muss sogar erst bis Juli 2024 in der Studie C4591007 bestätigen, ob sein Impfstoff sicher und wirksam ist.[167] Laut „Zusammenfassung der Merkmale des Arzneimittels" wurde nie untersucht, ob die Impfung Gene verändern oder Krebs verursachen kann, da das „nicht erwartet" wurde.[168]

Die Impf-Unternehmen geben Risiken zu

Als ausländisches börsennotiertes Unternehmen muss Biontech wirtschaftliche Risiken an die SEC, die amerikanische Börsenaufsicht, melden. Dazu reichte Biontech einen Bericht

164 https://pubmed.ncbi.nlm.nih.gov/32839164/

165 https://www.welt.de/politik/deutschland/plus241385073/mRNA-Impfstoffe-Dass-die-Hersteller-die-Daten-nicht-herausruecken-ist-nicht-zu-rechtfertigen.html

166 https://ec.europa.eu/health/documents/community-register/2022/20220429155702/anx_155702_de.pdf

167 https://ec.europa.eu/health/documents/community-register/2022/20220504155694/anx_155694_de.pdf

168 https://fintel.io/doc/sec-biontech-se-1776985-20f-2022-march-30-19081-1197

basierend auf dem amtlichen Formular 20-F ein. Biontech legte das Dokument für das Geschäftsjahr 2021 am 30. März 2022 vor.

BIONTECH

UNITED STATES

SECURITIES AND EXCHANGE COMMISSION

Washington, D.C. 20549

FORM 20-F

(Mark One)

☐ REGISTRATION STATEMENT PURSUANT TO SECTION 12(b) OR (g) OF THE SECURITIES EXCHANGE ACT OF 1934

OR

☒ ANNUAL REPORT PURSUANT TO SECTION 13 OR 15(d) OF THE SECURITIES EXCHANGE ACT OF 1934

For the fiscal year ended December 31, 2021

OR

☐ TRANSITION REPORT PURSUANT TO SECTION 13 OR 15(d) OF THE SECURITIES EXCHANGE ACT OF 1934

OR

☐ SHELL COMPANY REPORT PURSUANT TO SECTION 13 OR 15(d) OF THE SECURITIES EXCHANGE ACT OF 1934

Commission file number: 001-39081

BioNTech SE

(Exact name of Registrant as specified in its cha

Federal Republic of Germany

(Jurisdiction of incorporation or organizatio

An der Goldgrube 12

D-55131 Mainz

Germany

Biontech-Bericht vom 30. März 2022

Darin gab Biontech auf Seite 6 folgendes unumwunden zu: „Wir sind möglicherweise nicht in der Lage, eine ausreichende Wirksamkeit oder Sicherheit unseres COVID-19-Impfstoffs und/oder variantenspezifischer Formulierungen nachzuweisen, um eine dauerhafte behördliche Zulassung in den Vereinigten Staaten, dem Vereinigten Königreich, der Europäischen Union oder anderen Ländern zu erhalten, in denen er zugelassen wurde für den Notfall oder mit bedingter Marktzulassung."

Und auch Moderna schlägt gegenüber der amerikanischen Börsenaufsicht ganz andere Töne an als sonst.[169] Die Pharmafirma musste am 25. Februar 2022 einen ähnlichen Bericht wie Biontech/Pfizer im Formular 10-K einreichen. Dort erklärt Moderna, dass die Entwicklung der mRNA-Impstoffe „erhebliche klinische Entwicklungs- und Zulassungsrisiken aufgrund des neuartigen Charakters dieser neuen Klasse von Arzneimitteln birgt und die negative Wahrnehmung des Wirksamkeits-, Sicherheits- oder Verträglichkeitsprofils von Prüfpräparaten, die wir oder andere entwickeln, unsere Fähigkeit beeinträchtigen könnte, unsere Geschäftstätigkeit zu betreiben, unsere Prüfpräparate weiterzuentwickeln oder Zulassungen zu erhalten." Was Moderna mit „negativer Wahrnehmung von Prüfpräparaten" umschreibt, bedeutet, dass die Wirksamkeit und Sicherheit der mRNA-Impfstoffe von Ärzten, Patienten, Wissenschaftlern und Regulierungsbehörden negativ beurteilt wird.

Zu diesen Erklärungen ist jeder Kommentar überflüssig. Besser als die Pharmafirmen kann kein Impfgegner erklären, wie wenig ausgetestet und erforscht die mRNA-Impfstoffe sind und wie gering ihre Sicherheit und Wirksamkeit sogar von den Herstellerfirmen selbst eingeschätzt wird.

169 *https://last10k.com/sec-filings/mrna*

9. Behauptung: Die COVID-19-Impfstoffe sind unbedenklich

Nein, weder medizinisch noch ethisch.

Seit Jahren hören wir von Politik, Medien und „Experten", dass die COVID-19-Impfungen bedenkenlos, ohne jedes Risiko, eingesetzt werden können, auch bei kranken Menschen.[170] Die Impfstoffe seien angeblich nicht „toxisch", und anderslautende Behauptungen „Falschmeldungen".[171] Nach wie vor werden die Impfungen sogar Schwangeren und Stillenden empfohlen, weil die Impfungen in der Schwangerschaft als „unbedenklich" erklärt werden.[172]

Demgegenüber steht unbestritten fest, dass die derzeit fast ausschließlich verimpften mRNA-Impfstoffe von Moderna und Biontech/Pfizer Giftstoffe enthalten, vor deren Anwendung beim Menschen gewarnt wird.

Toxische Inhaltsstoffe in den Impfstoffen

In den Unterlagen zum Impfstoff von Moderna sind in der Zusammenfassung der Merkmale des Arzneimittels unter Punkt 6 die „sonstigen Bestandteile" gelistet. Der Impfstoff enthält

---

170 https://www.impfenschuetzt.at/aktuell/allergien-und-impfungen-kein-grund-zur-sorge

171 https://www.zdf.de/nachrichten/panorama/corona-spike-protein-toxisch-100.html

172 https://www.deutsche-apotheker-zeitung.de/daz-az/2022/daz-35-2022/covid-19-impfungen-in-der-schwangerschaft-sind-unbedenklich

unter anderem SM-102, DSPC sowie DMG-PEG2000.[173] Und in den entsprechenden Unterlagen von Biontech-Pfizer sind die Substanzen ALC-0135, ALC-0159 sowie DSPC als Inhaltsstoffe aufgelistet. Beide mRNA-Impfstoffe wurden mitsamt dieser angeführten Zusätze zugelassen.[174] Etliche der aufgelisteten Giftstoffe sind sogenannte Lipidnanopatikel, also kleinste Fettkörperchen, die als Träger für die mRNA verwendet werden und giftig sind.[175]

6.1 Liste der sonstigen Bestandteile

Lipid SM-102
Cholesterin
1,2-Distearoyl-sn-Glycero-3-Phosphocholin (DSPC)
1,2-Dimyristoyl-rac-Glycero-3-Methoxypolyethylenglykol-2000 (DMG-PEG2000)
Trometamol
Trometamolhydrochlorid
Essigsäure
Natriumacetat-Trihydrat
Sucrose
Wasser für Injektionszwecke

Zusatzstoffe des mRNA-Impfstoffs von Moderna

6.1 Liste der sonstigen Bestandteile

((4-Hydroxybutyl)azandiyl)bis(hexan-6,1-diyl)bis(2-hexyldecanoat) (ALC-0315)
2-[(Polyethylenglykol)-2000]-N,N-ditetradecylacetamid (ALC-0159)
Colfoscerilstearat (DSPC)
Cholesterol
Trometamol
Trometamolhydrochlorid
Saccharose
Wasser für Injektionszwecke

Zusatzstoffe des mRNA-Impfstoffs von Biontech/Pfizer

173 *https://www.kvberlin.de/fileadmin/user_upload/Themen/covid_19_impfdienste/COVID-19_moderna_SmPC.pdf*

174 *https://www.ema.europa.eu/en/documents/product-information/comirnaty-epar-product-information_de.pdf*

175 *https://www.aerzteblatt.de/nachrichten/131353/Sind-Lipidnanopartikel-bei-der-Pathogenese-der-mRNA-Impfstoff-assoziierten-Myokarditis-relevant*

Laut dem Sicherheitsdatenblatt zu SM-102 ist diese Substanz nicht zur Verwendung bei Tieren oder Menschen geeignet. SM-102 ist giftig und verursacht unter anderem, als wichtigste toxische Nebenwirkungen: Anämie (Blutarmut), Husten, Depressionen, Müdigkeit, Kopfschmerzen, Herzschäden, Müdigkeit und Erschöpfung, Leberschäden und narkoseähnliche Zustände. Darüberhinaus beinträchtigt SM-102 die Fortpflanzung sowie das Erbgut und ist teratogen (schädigt die DNA und kann so Missbildungen bei ungeborenen Kindern und Krebs hervorrufen).[176,177]

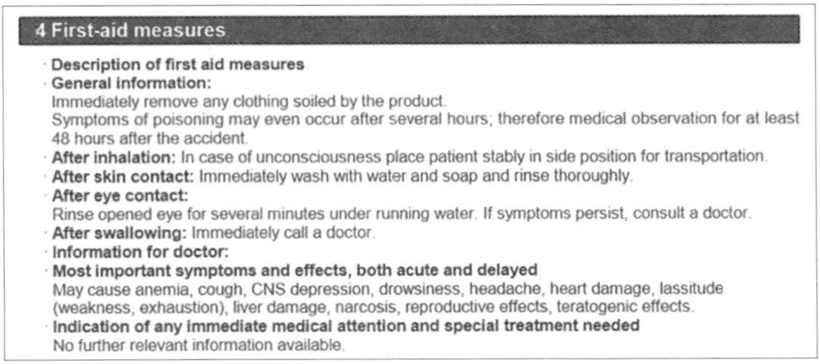

4 First-aid measures

· **Description of first aid measures**
· **General information:**
Immediately remove any clothing soiled by the product.
Symptoms of poisoning may even occur after several hours; therefore medical observation for at least 48 hours after the accident.
· **After inhalation:** In case of unconsciousness place patient stably in side position for transportation.
· **After skin contact:** Immediately wash with water and soap and rinse thoroughly.
· **After eye contact:**
Rinse opened eye for several minutes under running water. If symptoms persist, consult a doctor.
· **After swallowing:** Immediately call a doctor.
· **Information for doctor:**
· **Most important symptoms and effects, both acute and delayed**
May cause anemia, cough, CNS depression, drowsiness, headache, heart damage, lassitude (weakness, exhaustion), liver damage, narcosis, reproductive effects, teratogenic effects.
· **Indication of any immediate medical attention and special treatment needed**
No further relevant information available.

Auszug aus dem Sicherheitsdatenblatt von SM-102

Ähnliches gilt auch für die anderen angeführten Substanzen in den mRNA-Impfstoffen. Bei allen warnt der Hersteller dezidiert vor der Anwendung bei Menschen und Tieren. Sie sind nur für Forschungszwecke und Laboruntersuchungen (!) geeignet. Das gilt für ALC-0315[178,179], ALC-0159[180], DSPC[181] und DMG-PEG (2000).[182]

---

176 *https://cdn.caymanchem.com/cdn/msds/33474m.pdf*

177 *https://toolbox.eupati.eu/glossary/genotoxin/?lang=de*

178 *https://www.biomol.com/de/produkte/chemikalien/lipide/alc-0315-cay34337-25*

179 *https://cdn.caymanchem.com/cdn/msds/34337m.pdf*

180 *https://cdn.caymanchem.com/cdn/msds/34336m.pdf*

181 *https://cdn.caymanchem.com/cdn/msds/15100m.pdf*

182 *https://cdn.caymanchem.com/cdn/msds/33945m.pdf*

Produktinformationen "ALC-0315"

ALC-0315 is an ionizable amino lipid that has been used in combination with other lipids in the formation of lipid nanoparticles. Administration of severe acute respiratory coronavirus 2 (SARS-CoV-2) mRNA in ALC-0315-containing lipid nanoparticles induces the production of IgG that binds to the SARS-CoV-2 receptor-binding domain (RBD) in rhesus macaques, with a boost in antigen-specific IgG geometric mean titers (GMT) seven and 14 days after a second dose. Formulations containing ALC-0315 have been used in the development of lipid nanoparticles for the delivery of mRNA-based vaccines.Formal Name: 2-hexyl-decanoic acid, 1,1'-[[(4-hydroxybutyl)imino]di-6,1-hexanediyl] ester. CAS Number: 2036272-55-4. Molecular Formula: C48H95NO5. Formula Weight: 766.3. Purity: >98%. Formulation: A solution in chloroform. Solubility: Chloroform: 50 mg/ml. SMILES: OCCCCN(CCCCCCOC(C(CCCCCC)CCCCCCCC)=O)CCCCCCOC(C(CCCCCC)CCCCCCCC)=O. InChi Code: InChI=1S/C48H95NO5 /c1-5-9-13-17-19-27-37-45(35-25-15-11-7-3)47(51)53-43-33-23-21-29-39-49(41-31-32-42-50)40-30-22-24-34-44-54-48(52)46(36-26-16-12-8-4)38-28-20-18-14-10-6-2 /h45-46,50H,5-44H2,1-4H3. InChi Key: QGW[illegible]ETXHOVFQS-UHFFFAOYSA-N.

Schlagworte:	2-hexyl-decanoic acid, 1,1'-[[(4-hydroxybutyl)imino]di-6,1-hexanediyl] ester
Hersteller:	Cayman Chemical
Hersteller-Nr:	34337

Eigenschaften

Anwendung:	Ionizable amino lipid. Lipid nanoparticle formation
MW:	766.3 D
Formel:	C48H95NO5
Reinheit:	>98%
Format:	Solution

Datenbank Information

CAS :	2036272-55-4 | Passende Produkte

Handhabung & Sicherheit

Lagerung:	-20°C
Versand:	-20°C (international: -20°C)

Achtung
Nur für Forschungszwecke und Laboruntersuchungen. Nicht für die Anwendung in oder am Menschen!

Auszug aus der Produktinformation von ALC-0315

Dass die beiden Impfstoffe – mitsamt den toxischen Inhaltsstoffen – von der EMA überhaupt zugelassen wurden, ist Irrsinn. Die Giftstoffe in den Impfstoffen beeinträchtigen so auch Schwangere, Kinder, Kranke und Krebspatienten.

Wie gefährlich diese sogenannten Lipidnanopartikel wirklich sind, wurde bislang nicht genau getestet. Die Toxizitätsstudien wurden zum Teil in Tierexperimenten nachgeholt – lange nachdem diese Giftstoffe in den Impfungen bereits verabreicht wurden und werden. Wenn man nur die Lipidnanopartikel Mäusen verabreicht, verursachen sie schwere Entzündungen. Bei Verabreichung über die Atemwege sterben bis zu 80 Prozent der Mäuse innerhalb von 24 Stunden.[183] Diese in den Impfstoffen zugelassenen Giftstoffe könnten also zumindest für einen Teil der Nebenwirkungen nach den Impfungen ver-

183 https://www.sciencedirect.com/science/article/pii/S2589004221014504

antwortlich sein. Die potenziell krebserregenden, krankmachenden und Erbgutschäden verursachenden Chemikalien in den mRNA-Impfungen werden aber munter weiter in den Impfstoffen verabreicht.

Gefährliche Nebenwirkungen und Langzeitschäden

Die stereotypen Behauptungen, dass die Impfungen gegen Covid-19 nicht zu gefährlichen Nebenwirkungen und vor allem zu keinen Langzeitschäden führen, sind nicht mehr aufrecht zu erhalten. Beispielsweise erschien in „Nature Cell Discovery" eine wissenschaftliche Studie, die es in sich hat. Insgesamt wurden elf gesunde Männer und Frauen im Alter zwischen 24 und 47 Jahren mit dem inaktivierten SARS-CoV-2-Impfstoff der chinesischen Firma Vero Cell geimpft. Fünf Studienteilnehmer erhielten die Impfungen am ersten und 14. Tag, die restlichen sechs Studienteilnehmer am ersten und am 28. Tag.[184] Allen Studienteilnehmern wurden an den Tagen 0, 14, 28, 42 und 90 Blut und Urin abgenommen.

Die Nebenwirkungen waren in den ersten Tagen nach den Impfungen mild und vorübergehend. Doch in den Labortests zeigten sich teils erschreckende Veränderungen. Bei allen Studienteilnehmern waren bereits 90 Tage nach der ersten Injektion die Konzentrationen der neutralisierenden Antikörper, die das Virus hemmen sollen, im Blut dramatisch (bei den meisten praktisch auf null) gefallen. Sie waren fast um den Faktor 1.000 (!) niedriger als bei Genesenen.

Die Labortests ergaben unter anderem auch statistisch signifikante Erhöhungen der HbA1c-Werte, einem Parameter zur Diagnose und Kontrolle von Diabetes-Erkrankungen; drei Studienteilnehmer erreichten sogar Prä-Diabetes-Werte. Höhere Blutzuckerspiegel fördern die Vermehrung von

---

184 https://www.nature.com/articles/s41421-021-00329-3

SARS-CoV-2-Viren und stellen daher einen Nachteil bei Covid-19-Erkrankungen dar. Die Konzentrationen von Kalium und Natrium im Blut waren nach den Impfungen deutlich reduziert. Auch Elektrolyt-Veränderungen treten bei schweren Covid-19-Erkrankungen auf.

Störungen der Blutgerinnung (Koagulopathien) sind ebenfalls typische und gefürchtete Komplikationen bei schweren Covid-19-Erkrankungen. Bei den Studienteilnehmern zeigten sich deutliche und zeitabhängige Veränderungen der gemessenen Blutgerinnungsparameter. Außerdem wurden Erhöhungen beim Cholesterin und bei der Gallensäure (tritt unter anderem bei Leberschädigungen auf) im Blut gemessen.

Bei den Studienteilnehmern waren außerdem die Serumkreatinin-Werte statistisch signifikant erhöht und die glomeruläre Filtrationsrate, einer der wichtigsten Parameter für die Nierenfunktion, niedriger. Mit anderen Worten: Die Nierenfunktion war dauerhaft geschädigt.

Veränderungen des Immunsystems

In der Studie wurde auch das Immunsystem untersucht. Und auch dort zeigten sich teils dramatische Veränderungen. So waren CD8+ T-Zellen reduziert. Diese zytotoxischen T-Zellen töten im Körper infizierte oder bösartig entartete Zellen. Auch die CD4+ T-Zellen waren vermindert. Diese T-Helfer-Zellen unterstützen das Immunsystem durch die Ausschüttung von sogenannten Zytokinen. Hingegen waren die CD14+ Monozyten im Blut vermehrt, wie sie bei Entzündungen und Infektionen vorkommen.

Typ I Interferon-Reaktionen (positiv für eine Covid-19-Erkrankung) waren nach der Impfung vermindert. Die Zusammenschau aller Veränderungen im Immunsystem deuten an, dass zumindest bis zum Tag 28 nach der ersten Impfung die Immunsysteme der Studienteilnehmer anfälliger und vulnerabler waren. Das ist eine sehr interessante Beobachtung, denn das bedeutet, dass Geimpfte in den Wochen nach einer Impfung weniger gegen Infektionen geschützt sein könnten.

Langzeitwirkungen der Impfung müssen untersucht werden

Die Studienteilnehmer wurden nur über 90 Tage kontrolliert. Aufgrund dieser Daten erscheint es aber dringend notwendig, Geimpfte regelmäßig und über eine längere Zeit auf die oben genannten medizinischen Parameter hin gründlich zu kontrollieren, um Langzeitschäden zu dokumentieren. Die Autoren der Studie empfehlen jedenfalls, dass bezüglich der Impfungen gegen Covid-19 die Langzeitauswirkungen der Impfungen auf bestimmte Erkrankungen und die allgemeine Gesundheit untersucht werden müssen. Dem ist nichts hinzuzufügen. Die apodiktische Aussage, dass nach Impfungen gegen Covid-19 keine Langzeitfolgen auftreten können, ist widerlegt. Wie so viele andere Behauptungen im Rahmen der Covid-19-Pandemie. Mittlerweile stellen Wissenschaftler fest, dass vor allem wiederholte COVID-19-Impfungen das Immunsystem nicht stärken, wie immer behauptet, sondern sogar schädigen können.[185]

Impfung wirkt sich auf Erbgut aus

Seit Jahren wird immer wieder behauptet, dass die mRNA der genetischen Impfungen sich nicht in die DNA, also in die menschliche Erbsubstanz, integriert und somit keine Mutationen verursachen kann.[186] Das sei unmöglich. Leider ist auch das falsch.

---

185 https://www.ncbi.nlm.nih.gov/pmc/articles/PMC9167431/

186 https://www.bag.admin.ch/bag/de/home/krankheiten/ausbrueche-epidemien-pandemien/aktuelle-ausbrueche-epidemien/novel-cov/haeufig-gestellte-fragen.html?faq-url=/covid/de/impfung/kann-ein-mrna-impfstoff-mein-erbgut-dnagene-veraendern

Zuerst wurde nachgewiesen, dass die mRNA des SARS-Cov-2-Virus das sehr wohl kann.[187] Und dann wurde gezeigt, dass das bei der mRNA des Impfstoffs von Biontech/Pfizer sehr wohl passieren kann. Die mRNA des Impfstoffs von Biontech/Pfizer wird innerhalb von sechs Stunden nach Verabreichung in DNA umgeschrieben und ist dann in menschlichen Leberzellen nachweisbar. Und diese aus der Impf-mRNA entstandene DNA kann sich dann in das Erbgut von menschlichen Zellen integrieren, also das Erbgut verändern.[188,189]

Damit ist eine der schlimmsten Befürchtungen von Wissenschaftlern, die seit Jahren vor den neuen, bisher nicht erprobten mRNA-Impfstoffe warnen, eingetreten.[190] Was diese Veränderungen des Erbguts alles anrichten können, ist völlig unklar. Wir wissen es noch nicht genau, wie wir so vieles nicht wissen bei den genetischen Impfstoffen. Die möglichen Folgen können das Absterben oder das ungehemmte Wachstum von Zellen sein, also alle erdenklichen Krankheiten und Nebenwirkungen, insbesondere Totgeburten, Missbildungen und die Entstehung und/oder Förderung von Krebs.

Ethische Überlegungen zur COVID-19-Impfung

Die COVID-19-Impfungen sind aber auch aus ethischer Sicht alles andere als unbedenklich. Denn bei den COVID-19-Impfungen besteht ein Problem, das von Regierungen, Medien, Wissenschaftlern und Ärzten bislang tunlichst ausgeblendet wurde: Beim Design, bei der Entwicklung, Testung, Herstellung und/oder Produktion der COVID-19-Impfstoffe wurden

---

187 *https://www.pnas.org/doi/abs/10.1073/pnas.2105968118*

188 *https://www.authorea.com/users/455597/articles/584039-potential-mechanisms-for-human-genome-integration-of-genetic-code-from-sars-cov-2-mrna-vaccination*

189 *https://www.mdpi.com/1467-3045/44/3/73*

190 *https://www.berliner-zeitung.de/gesundheit-oekologie/ein-forscher-sagt-der-druck-der-oeffentlichkeit-auf-die-impfstoffentwickler-ist-zu-gross-li.84934*

und werden Zelllinien verwendet, die von abgetriebenen Kindern stammen.[191]

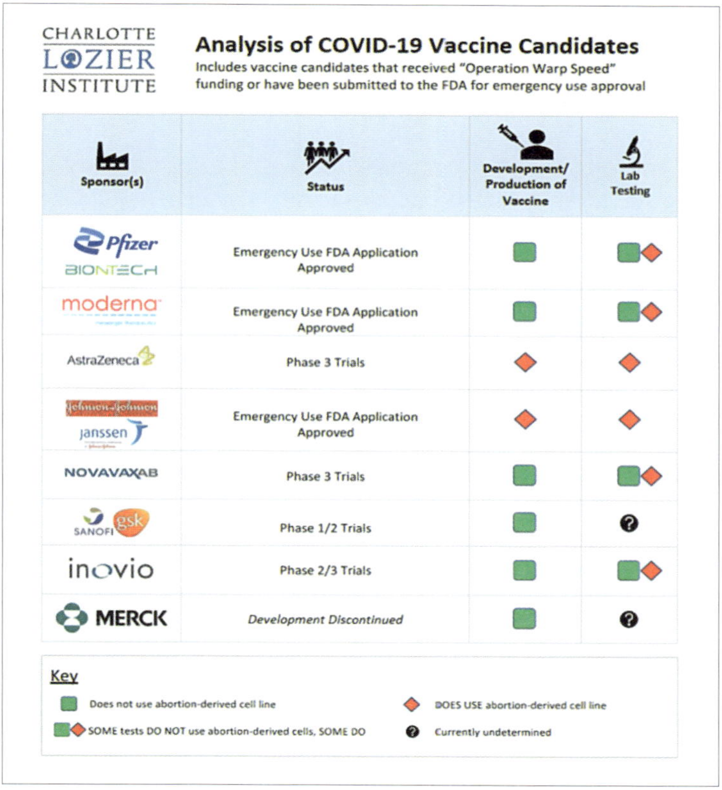

Verwendung von Zelllinien abgetriebener Föten bei den verschiedenen Impfstoffen

Nach dem Koran ist Abtreibung eine Sünde. Sie ist daher nur im Ausnahmefall erlaubt.[192] Ähnliches gilt für das Juden-

191 *https://s27589.pcdn.co/wp-content/uploads/2020/12/12.04.20-warp-speed-vaccines.pdf*

192 *https://www.religionen-entdecken.de/lexikon/a/abtreibung-im-islam*

tum.[193] Für streng gläubige Buddhisten und Hindus ist jede Abtreibung praktisch ein Mord.[194] Der Schutz des Lebens steht über allem. Die Haltung der protestantischen Kirchen zum Schwangerschaftsabbruch ist uneinheitlich. Teilweise wird ein Schwangerschaftsabbruch in Einzelfällen für gerechtfertigt gehalten, teilweise aber striktest abgelehnt.[195]

Die katholische Kirche war bis 2020 strikt gegen Abtreibungen und gegen Geschäftemacherei mit den Zellen abgetriebener Kinder. Die Instruktion Dignitas Personae (Die Würde der Person) der Glaubenskongregation hielt noch 2008 unmissverständlich fest, dass „für die wissenschaftliche Forschung und für die Herstellung von Impfstoffen und anderen Produkten gelegentlich Zelllinien verwendet werden, die das Resultat einer unrechtmäßigen Handlung gegen das Leben oder die physische Unversehrtheit eines Menschen sind." Und: „All das führt zu verschiedenen ethischen Problemen im Bereich der Mitwirkung am Bösen und des Ärgernisses."[196] Wir befinden uns also mit den COVID-19-Impfungen laut gläubigen Katholiken, aber auch Moslems, Juden und Gläubigen anderer Religionen mitten in der „Mitwirkung am Bösen". 2020 entschied die Glaubenskongregation der katholischen Kirche aber plötzlich in der „Note über die Moralität des Gebrauchs einiger Impfungen gegen Covid-19", dass der Empfang dieser Impfungen „sittlich erlaubt ist". Die Glaubenskongregation relativierte zwar ihre Aussage und hielt drei Dinge klar fest. Sie war erstens gegen eine Impfpflicht. Zweitens legte die Glaubenskongregation dar, dass „alle Impfstoffe, die als klinisch sicher und wirksam anerkannt sind", verwendet werden können. Genau das ist

---

193 https://www.religionen-entdecken.de/lexikon/a/abtreibung-im-judentum

194 https://www.religionen-entdecken.de/lexikon/a/abtreibung-im-buddhismus

195 https://www.gemeindenetzwerk.de/?p=4464

196 https://www.vatican.va/roman_curia/congregations/cfaith/documents/rc_con_cfaith_doc_20081208_dignitas-personae_ge.html

mittlerweile aber widerlegt. Und drittens wurde anerkannt, dass das Gewissen eines gläubigen Katholiken eine solche Impfung unmöglich machen kann. Wenn das Gewissen einem gläubigen Katholiken, Juden, Moslem, Hindu, Buddhisten oder sonst jemandem verbietet, eine solche Impfung zu erhalten, dann darf und kann er sich nicht impfen lassen.

Ob gewollt oder ungewollt: Mit ihrer Note öffnete die katholische Kirche aber 2020 der Geschäftemacherei mit Zellen abgetriebener Kinder Tür und Tor.[197] Papst Franziskus ging sogar noch einen Schritt weiter. Er bewarb die COVID-19-Impfungen sogar als „Akt der Liebe".[198] Und der Wiener Kardinal Schönborn meinte öffentlich und verächtlich in Richtung „Impfgegner", der „Liebe Gott" möge über diesen doch Hirn regnen lassen".[199] Der plötzliche Sinneswandel der katholischen Kirche bezüglich der Verwendung von Zellen abgetriebener Kinder und etliche Aussagen ihrer Führung zur den Impfungen war und ist für viele gläubige Menschen ein Grund, aus der katholischen Kirche auszutreten.[200]

---

197 https://www.vatican.va/roman_curia/congregations/cfaith/documents/rc_con_cfaith_doc_20201221_nota-vaccini-anticovid_ge.html

198 https://www.faz.net/aktuell/politik/ausland/papst-franziskus-wirbt-fuer-corona-impfungen-17492666.html

199 https://www.derstandard.at/story/2000135000495/kardinals-schoenborns-lass-hirn-regnen-aussage-zum-impfen-regt-auf

200 https://noe.orf.at/stories/3138341/

10. Behauptung: Corona macht Afrika zum Massengrab

Viele Experten malten uns im Jahr 2020 die unvorstellbar tragische Entwicklung der Corona-Pandemie in Afrika aus. Einige Beispiele für damalige Zeitungsartikel:

Stern, 22. März 2020
Experten warnen vor Ausbreitung
Das Coronavirus hat Afrika erreicht: „Die Leute werden auf den Straßen sterben".[201]

NTV, 8. April 2020, 16:15 Uhr; PANORAMA
„Furcht vor dramatischen Folgen Corona breitet sich schnell in Afrika aus"[202]

Entwicklungspolitik & Agenda 2030, 04/2020; Ulrich Post
„Covid-19: Die Krise wird Entwicklungsländer am härtesten treffen"[203]

Es wurde behauptet, dass Afrika keine ausreichende ärztliche Versorgung habe und daher von Corona sehr stark betroffen sein werde. „Unkontrollierbare Infektionsketten, Millionen Tote und ein Zusammenbruch der Gesundheitssysteme: Die anfänglichen Prognosen der Weltgesundheitsorganisation (WHO) für Afrika waren verheerend."[204]

---

201 *Coronavirus hat Afrika erreicht: „Die Leute werden auf den Straßen sterben" | STERN.de*

202 *Furcht vor dramatischen Folgen: Corona breitet sich schnell in Afrika aus - n-tv.de*

203 *Corona-Krise weltweit: Leseempfehlungen - Welthungerhilfe*

204 *COVID-19 in Afrika: Afrika scheint sicherer als Europa (aerzteblatt.de)*

Horrorszenario trat nicht ein

Dieses Horrorszenario trat nicht ein. Trotz niedriger Impfquoten blieb vor allem Zentralafrika in Bezug auf das Corona-Virus nahezu verschont und ist im Vergleich zu Europa wesentlich besser durch die Coronakrise gekommen. Dies belegen die Daten von „Our World in Data" und der Johns Hopkins University.

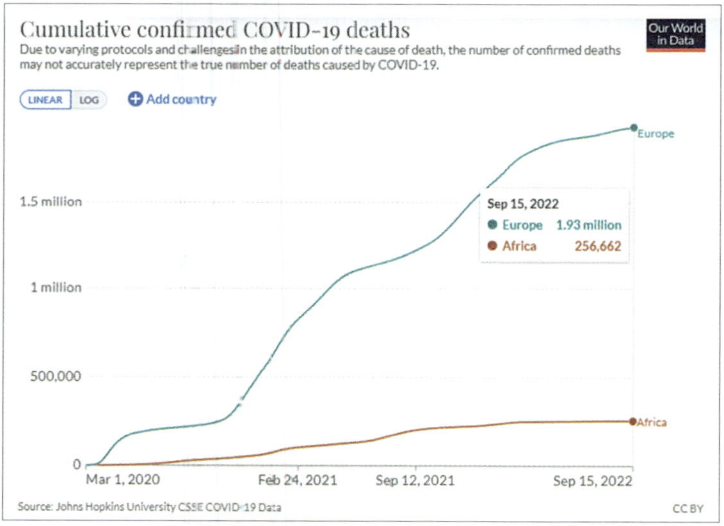

Vergleich Europa/Afrika: COVID-19-Todesfälle kumulativ bis 15.September 2022 (COVID-19 Data Explorer - Our World in Data)

In Afrika (Einwohnerzahl: 1.400 Mio.[205]) wurden laut Johns Hopkins University bis 15. September 2022 insgesamt 256.662 Corona-Tote registriert. In Europa hingegen (Einwohnerzahl 746 Mio.[206]) wurden 1,93 Millionen Corona-Todesfälle gemeldet. Nach dem Datenstand vom 15. September 2022 war auch

205 Afrika – Wikipedia

206 Europa – Wikipedia

die Summe der Corona-Infizierten in Europa mit 226,04 Millionen eklatant höher als in Afrika mit 12,34 Millionen.

In meinen Parlamentsreden habe ich auf die Entwicklung in Afrika mehrmals hingewiesen, unter anderem auch in der 135. Nationalratssitzung am 15. Dezember 2021 und in der 141. Nationalratssitzung am 23. Februar 2022.

Hier ein kurzer Ausschnitt aus einer meiner Reden:

„Wie schaut es aus? – Hier (eine Tafel mit einem Diagramm mit der Anzahl der Covid-19-Todesfälle in Israel und Afrika auf das Rednerpult stellend) gleich der Vergleich mit den afrikanischen Staaten: Sie sehen auf dieser Tafel, dass die Todeszahl der letzten sieben Tage in Israel bei 61 lag. Wenn Sie sich die Zahlen von Afrika anschauen, dann sehen Sie, dass es im Siebentagesvergleich nahezu keine Todesfälle gibt. Herr Dr. Smolle, Sie haben heute hier gesagt, dass es umso weniger Todesfälle gibt, je mehr geimpft wird. Schauen Sie sich das (auf die Tafel deutend) bitte an! Ich habe schon mehrmals den Vergleich zwischen Europa und Afrika gebracht und darauf hingewiesen, dass es in Afrika bei den niedrigsten Impfquoten die wenigsten Todesfälle gibt.“[207]

Dies und vieles mehr zur Corona-Situation und zur Corona-Impfung habe ich in der Vergangenheit im Parlament oftmals anhand von Tafeln, Zitaten und Studienergebnissen präsentiert, leider ohne Erfolg! Die Mandatare der Systemparteien haben im Wesentlichen mit unqualifizierten Zwischenrufen auf meine Ausführungen reagiert. Für die Nachwelt ist jedoch unumstößlich dokumentiert, dass alle Mandatare des österreichischen Parlaments und die zuständigen Regierungsmitglieder von mir informiert wurden.

---

207 Abg. Mag. Gerald Hauser (FPÖ), 141. Sitzung, XXVII. GP des NR, 12:27 (parlament.gv.at)

Vergleich Europa/Afrika: COVID-19-Fälle kumulativ bis 15. September 2022

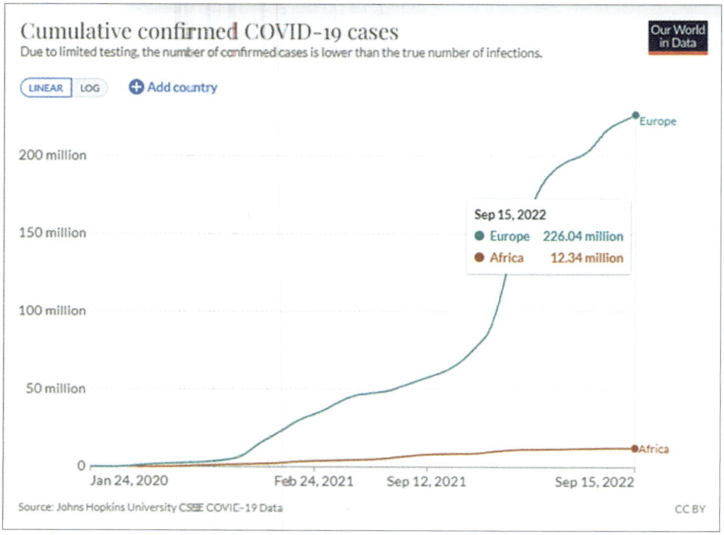

Quelle: Our World in Data – Johns Hopkins University

Prozentualer Anteil der geimpften Personen in Europa und Afrika, Datenstand 15. September 2022.

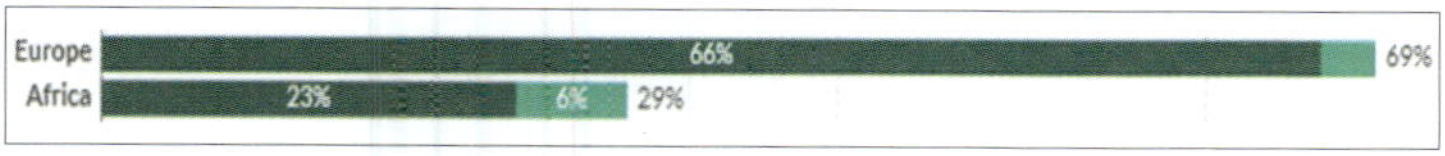

Dunkelgrüne Balken = mindestens 2 Impfdosen
Quelle: Our World in Data

Was sagen uns die vorliegenden Daten zu Europa und Afrika?

Als Schlussfolgerung bleibt: Afrika hat in Bezug auf das Corona-Pandemie-Management richtig gehandelt. Dort hat man dem Narrativ der weltweiten „Regierungsexperten“, nur eine hohe Impfquote senke die Zahl der Infektionen und der Todesfälle, klar widersprochen. Afrika bewies also eindrucksvoll das Gegenteil! Bitte beachten Sie dazu die prozentualen Anteile der zumindest zweifach-Geimpften Personen in

Europa und Afrika: Europa 66 Prozent/ Afrika 23 Prozent (Datenstand 15. September 2022 – grünes Balkendiagramm Seite 106).

„Wirksamkeit" der COVID-19-mRNA-Impfstoffe ab Impfbeginn – Vergleich Europa und Afrika

COVID-19-Impfstoffe sollten COVID-19-Todesfälle verhindern. Wären diese Impfstoffe wirksam, hätte die Anzahl der COVID-19-Todesfälle nach dem Impfstart in Europa – im Vergleich zu Afrika – stark zurückgehen müssen. Leider ist das Gegenteil der Fall, siehe Tabelle unten.

Länder	*COVID-19 Todesfälle kumuliert bis zum 27.12.2020*	*COVID-19 Todesfälle kumuliert 12.09.2022*	*Anstieg COVID-19-Todesfälle kumuliert seit 27.12.2020*	*Anzahl EW.; in Mio.; Stand: 2021*	*Prozentualer Anteil der Bevölkerung mit mind. 2 Dosen COVID-19-Impfstoffs; Stand: Sept. 2022*
Deutschland	29.778	148.389	+ 118.611	ca. 83,2	76%
Großbritannien	91.978	205.718	+ 113.740	ca. 67,5	75%
Österreich	7.156	20.711	+ 13.555	ca. 8,98	76% 31.01.2022
Dänemark	1.174	6.982	+ 5.808	ca. 5,84	82 %
Äthiopien	1.909	7.572	+ 5.663	ca. 99,7	31 % 31.07.2022
Nigeria	1.254	3.154	+ 1.900	ca. 211,4	15 %
Tansania	21	845	+ 824	ca. 59,73	28 %
Süd Sudan	62	138	+76	ca. 14,2	17 %
Tschad	104	193	+ 89	ca. 16,9	21 %
Burundi	2	38	+ 36	ca. 11,23	0,15 %

Vergleich Europa/Afrika: Anstieg COVID-19-Todesfälle seit Start der COVID-19-Impfung am 27. Dezember 2020 – Stichtag 12. September 2022 (Our World in Data - Datenstand 12. September 2022)

Der Impfstart in Europa erfolgte in manchen Ländern Europas um den 27. Dezember 2020. Um eine einheitliche Darstellung gewährleisten zu können, wurde der 27. Dezember 2020, Tag des COVID-19-Impfstarts in Österreich, als Ausgangsdatum gewählt.

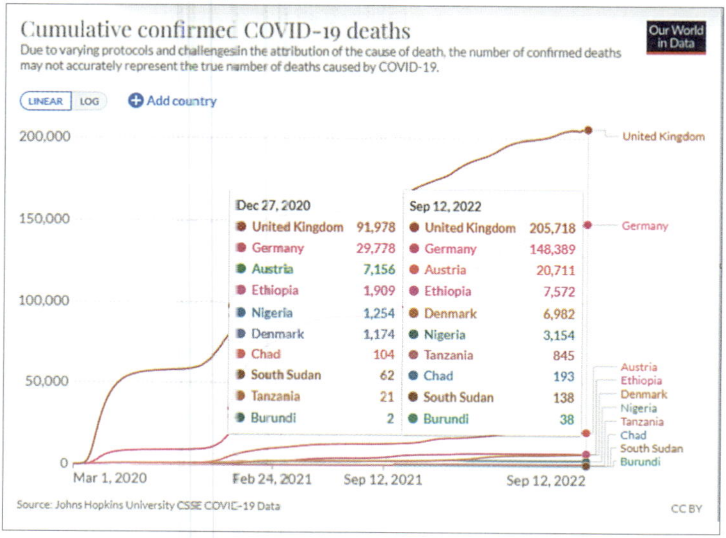

COVID-19-Todesfälle bis 12. September 2022 in europäischen und afrikanischen Ländern (Our World in Data)

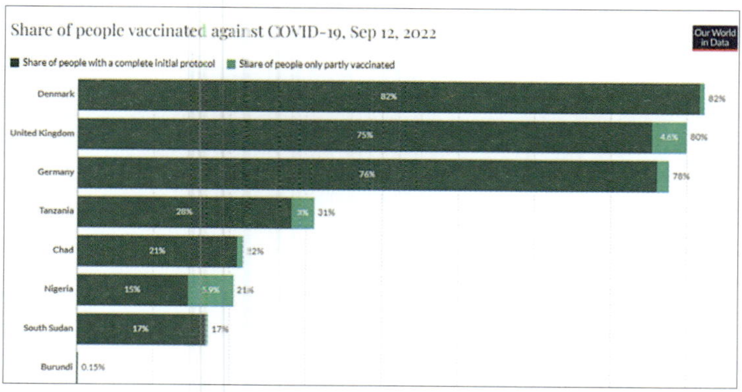

Impfquoten in verschiedenen europäischen und afrikanischen Ländern (Our World in Data)

Aus den Tabellen ist ersichtlich, dass in Österreich vor dem COVID-19-Impfstart knapp über 7.000 Corona-Tote zu beklagen waren. Seit dem Start der Impfungen am 27. Dezember 2020 sind nun bis zum 12. September 2022 weitere 13.555 Corona-Tote hinzu gekommen, also 1,9-mal so viele wie im Jahr 2020 ohne Impfung. Und dies trotz einer hohen Impfquote von 76 Prozent am 31. Januar 2022 (an zumindest zweifach Geimpften)! Afrika hingegen hat eine äußerst niedrige Impfquote, und dennoch sind die Covid-19-Todesfälle in den afrikanischen Ländern nicht so angestiegen wie befürchtet. In Burundi/Afrika wurde vom 27. Dezember 2020 bis 12. September 2022 ein Anstieg von ganzen 36 Todesfällen verzeichnet und das bei einer Impfquote (Stand 12. September 2022) von 0,15 Prozent! Eine Erhöhung der Impfquoten oder gar eine Impfpflicht können das Problem „Corona" also nicht lösen, sondern verschärfen es! Im österreichischen Parlament bin ich jedoch mit meiner logischen Schlussfolgerung, die diese Tabellen nahelegen, weder bei Systemparteien noch bei Systemmedien durchgedrungen!

Die „Wirksamkeit" der COVID-19-Impfstoffe ist in Großbritannien, Kanada, Australien, Neuseeland und Südkorea ähnlich schlecht

Daten der britischen Gesundheitsbehörde UK-HSA (COVID-19 vaccine weekly surveillance reports), COVID-19-Todesfälle, KW 8 – 11/2022, nach Impfstatus und Impfdosen

Ungeimpfte 337 (7,56 Prozent), Geimpfte 4.119 (92,44 Prozent)

1 Dosis	104 COVID-19 Todesfälle
2 Dosen	730 COVID-19 Todesfälle, 7x mehr COVID-19-Todesfälle als mit 1 Dosis
3 Dosen	3.285 COVID-19 Todesfälle, 31,59x mehr COVID-19-Todesfälle als mit 1 Dosis

Covid-19 Todesfälle bei denen der Impfstatus nicht ermittelt werden konnte, sind in der Tabelle nicht enthalten.

Prozentualer Anteil der COVID-19 Geimpften – Großbritannien 12.02.2022: 72% zumindest 2 Impfdosen – 78% 1 Dosis (Our World in Data)

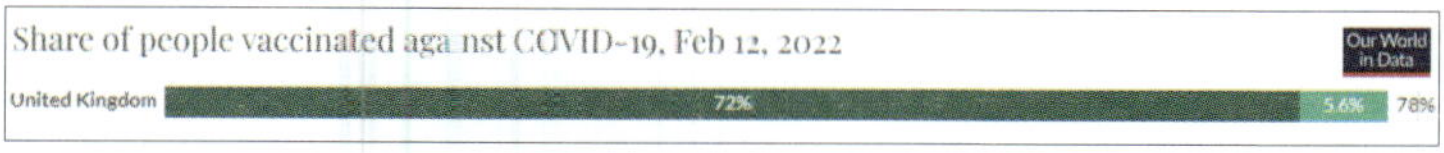

In Großbritannien hat die britische Gesundheitsbehörde UK-Health Security Agency (HSA) bis Ende März 2022 laufend über die Anzahl der Covid-19-Todesfälle mit Bezug auf ihren Impfstatus berichtet. Betrachten Sie dazu bitte die obige Tabelle. Erschreckend war und ist, dass von den 4.456 an Covid-19-Verstorbenen 4.119 Personen, also 92,44 Prozent, geimpft waren. Ab dem 12. Februar 2022 waren 72 Prozent der Bevölkerung in Großbritannien zumindest zweifach geimpft. Nur 22 Prozent der Bevölkerung waren gänzlich ungeimpft.

Der Anteil der COVID-19-Todesfälle unter den Ungeimpften betrug in der Kalenderwoche 8 bis 11 im Jahr 2022 nur 7,56 Prozent. Der Anteil der Ungeimpften in der Bevölkerung war damals bei 22 Prozent. Damit waren diese bei den Todesfällen stark unterproportional vertreten. Auf der anderen Seite war der Anteil der COVID-19-Todesfälle unter den Geimpften mit 92,44 Prozent überproportional hoch. Noch erschreckender war und ist jedoch die Tatsache, dass die Anzahl der COVID-19-Todesfälle ab der zweiten Dosis erheblich und ab der dritten Dosis eklatant angestiegen war. Dieser Umstand lässt sich auf eine einfache Formel herunterbrechen: Je höher die Anzahl der Impfdosen, desto höher die Anzahl der Todesfälle. Wären COVID-19-Impfstoffe wirksam und sicher, müsste die Anzahl der COVID-19-Todesfälle – gerade bei den dreifach Geimpften – gegen Null tendieren. Über diese erschütternden Fakten wurde natürlich vor allem in den freien Medien berichtet. Daher stellte die britische Gesundheitsbehörde Ende März 2022 nicht etwa die Impfung ein, sondern ihre aufdeckende Form der Berichterstattung! Die Zahlen in Kanada sind ähnlich.

1 Dosis	41 COVID-19 Todesfälle
2 Dosen	318 COVID-19 Todesfälle, 7,76 x mehr als mit 1 Dosis
3 Dosen	1.113 COVID-19 Todesfälle, 27,15 x mehr als mit 1 Dosis

Kanada (COVID-19 epidemiology update: Detailed data, maps, charts – Canada.ca

Epidemiological-summary-of-COVID-19-cases-in-Canada-Canada.ca.pdf): COVID-19 Todesfälle nach Impfstatus, 2. Mai 2022 bis 5. Juni 2022: Ungeimpfte 235 (13,77 Prozent), Geimpfte 1.472 (86,23 Prozent)

Prozentualer Anteil der COVID-19 Geimpften Kanada 15.04.2022: 82% zumindest 2 Impfdosen – 85 % 1 Dosis (Our World in Data)

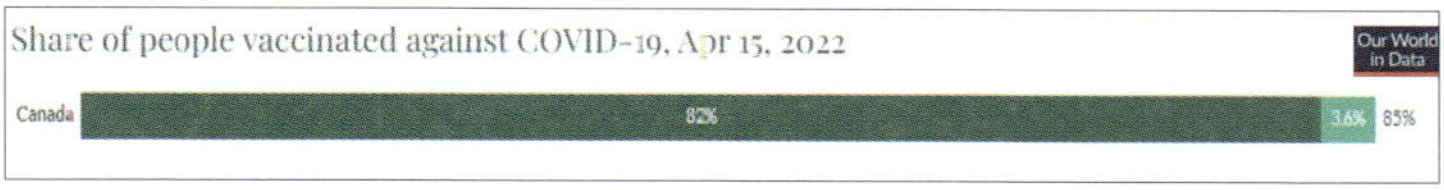

In der folgenden Tabelle sind die COVID-19 Todesfälle von Australien, Neuseeland und Südkorea dargestellt. Der Anstieg der COVID-19-Todesfälle spricht wieder eine eindeutige Sprache. Die Anzahl der COVID-19-Todesfälle war in diesen drei Ländern bis zum 31. Dezember 2021 relativ gering. Ab 2022 ist ein dramatischer Anstieg an COVID-19-Toten zu verzeichnen.

Land	*Zumindest 2-fach Geimpfte in der Bevölkerung am 30.12.2021*	*COVID-19 Todesfälle kumuliert 31.12.2021*	*COVID-19 Todesfälle kumuliert 14.09.2022*	*COVID-19-Todesfälle seit 31.12.2021*
Australien	76%	2.253	14.458	+ 12.205 (84,42%)
Neuseeland	75%	48	1.962	+ 1.914 (97,55%)
Südkorea	82%	5.625	27.665	+ 22.040 (79,67%)

COVID-19-Todesfälle in Australien, Südkorea und Neuseeland bis 14.September 2022

Prozentualer Anteil der COVID-19 Geimpften – Australien, Neuseeland und Südkorea 30.12.2021 (Our World in Data)

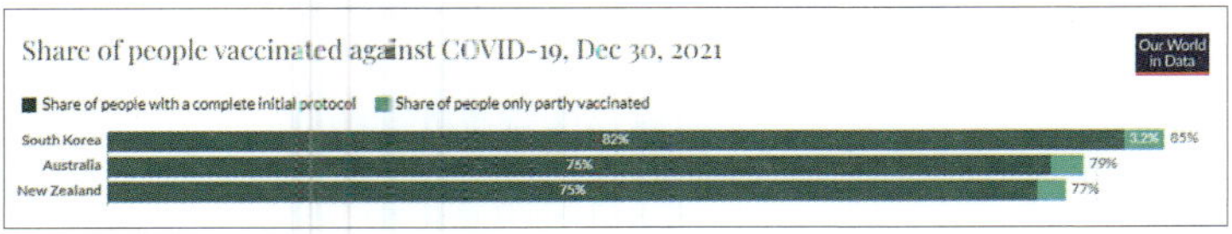

Aus der Tabelle oben offenbaren sich erschreckende Fakten zur weiteren Entwicklung der COVID-19-Pandemie in Australien, Neuseeland und Südkorea im Jahr 2022. Trotz einer hohen Impfquote in den genannten drei Ländern am 30. Dezember 2021 ist die Anzahl der COVID-19-Todesfälle im Jahr 2022 förmlich explodiert. Vom 1. Januar 2022 bis zum 14. September 2022 wurden in Australien 84,42 Prozent, in Neuseeland 97,55 Prozent und in Südkorea 79,67 Prozent der COVID-19 Todesfälle, während des gesamten Pandemieverlaufs, seit Beginn im März 2020, registriert! Auch in Australien, Neuseeland und Südkorea wird, wie in Österreich, der COVID-19-mRNA-Impfstoff von BioNTech/Pfizer in großem Umfang verabreicht. Zur besseren Veranschaulichung der dramatischen Entwicklung in Australien, Neuseeland und Südkorea gleich unterhalb auch das entsprechende Liniendiagramm.

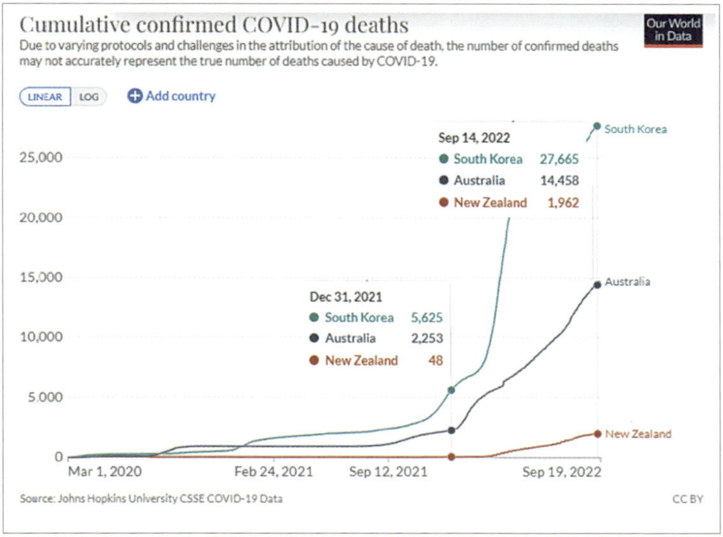

Australien, Neuseeland, Südkorea: COVID-19-Todesfälle kumulativ 31. Dezember 2021 und 14. September 2022 (COVID-19 Data Explorer - Our World in Data)

Der Plan B der FPÖ

Die Analyse der Daten aus Großbritannien, Kanada, Australien, Neuseeland und Südkorea, aber auch der Vergleich Europa/Afrika zerstören das Narrativ der Impfregierungen weltweit. Eine „Immunisierung mit genetischen COVID-19-Impfstoffen“ schützt eben nicht vor Infektionen, schweren Verläufen oder gar Todesfällen. Der Weg Afrikas, die Bevölkerung weder direkt noch indirekt in die Impfungen zu zwingen, war nachweislich der richtige Weg!

Daher wurde von der FPÖ der Plan „B“ für Österreich entwickelt, da der Plan „A“, die Impfung, leider nicht funktioniert hat. Plan „B“ wäre ein effektiver Weg aus der Krise gewesen und sollte endlich umgesetzt werden. Die an Corona erkrankten Personen sollten vom Hausarzt mit Medikamenten behandelt und nicht einfach alleine gelassen werden. Zur Stärkung des Immunsystems und Vorbeugung von COVID-19 Erkrankungen hat die FPÖ wiederholt die Einnahme der Vitamine C, D3, K und von Zink thematisiert. Von den Mainstream-Medien und der Regierungspolitik wurde das lächerlich gemacht, dabei ist die Wirksamkeit dieser Mittel in etlichen wissenschaftlichen Publikationen längst bewiesen. Vorbeugende Maßnahmen und eine rechtzeitige medikamentöse Behandlung hätten vielen geimpften und ungeimpften COVID-19-Kranken einen schweren Krankheitsverlauf erspart und das Leben gerettet.

Bei bestimmten Personengruppen findet bezüglich der Impfungen in einigen Ländern bereits ein Umdenken statt. Professor Ole F. Olesen vom Institut für Public Health der Universität Kopenhagen blickt in der „Welt“ folgendermaßen auf den Herbst/Winter 2022: „Ich kann mir nicht vorstellen, dass es wieder zum Lockdown kommt. ... Ich glaube noch nicht einmal, dass es wieder eine Maskenpflicht geben wird. Vielleicht gibt es Kampagnen und Empfehlungen, freiwillig eine Maske zu tragen.“[208]

---

208 Dänemark – das Corona-Kontrastprogramm - reitschuster.de

11. Behauptung: Die COVID-19-Impfungen wirken sehr gut

Bis zum heutigen Tag wird von Politik, Medien und Behörden behauptet, dass die Wirksamkeit der COVID-19-Impfungen sehr gut ist.[209] Das Robert-Koch-Institut in Berlin erklärt immer noch, dass nicht alle Infektionen bei Geimpften verhindert werden können. Die Impfungen würden aber dafür sorgen, dass Infektionen weniger häufig vorkommen und dass schwere COVID-19-Krankheitsverläufe bei Geimpften sehr selten sind.

Falschmeldungen zur Wirksamkeit der Impfstoffe

Es wurde lange behauptet, dass die Impfstoffe COVID-19-Infektionen verhindern.[210] Der deutsche Gesundheitsminister Karl Lauterbach nannte die Impfung einen „Pandemie-Joker". Durch die Impfung gebe es eine große Chance für eine Herden-Immunität, Geimpfte seien immun gegen Corona.[211]

Der frühere österreichische Bundeskanzler Sebastian Kurz meinte, noch am 16. September 2021, dass „für die Geimpften die Pandemie vorbei ist."[212] Dabei war damals längst klar,

---

209 https://www.rki.de/SharedDocs/FAQ/COVID-Impfen/FAQ_Liste_Wirksamkeit.html

210 https://www.sciencemediacenter.de/alle-angebote/rapid-reaction/details/news/impfstoffe-verhindern-sars-cov-2-infektionen-unsicherheiten-implikationen/

211 https://www.hna.de/verbraucher/corona-biontech-pfizer-impfung-impfstoff-studie-karl-lauterbach-deutschland-kassel-hna-zr-90212857.html

212 https://www.puls24.at/video/puls-24/kurz-pandemie-fuer-geimpfte-vorbei/v-cebhnks4udep

dass diese Behauptung falsch ist. Bis heute wird von Gesundheitsbehörden, Politikern und Medien erklärt, dass die Impfstoffe das Risiko verringern, an COVID-19 zu erkranken und dass sie einen wirksamen Schutz vor schweren Krankheitsverläufen bieten.[213]

Leider sind diese Behauptungen längst widerlegt. Und jeder kann Tag für Tag sehen, an all den Infizierten, Kranken und COVID-19-Toten, dass diese Propaganda für die Impfungen einfach nicht stimmt.

Seit Beginn der Impfkampagne mehr COVID-19-Tote

In Österreich sind, Stand 14. Oktober 2022, 74,33 Prozent der Bevölkerung zweimal und 57,33 Prozent dreimal geimpft.[214]

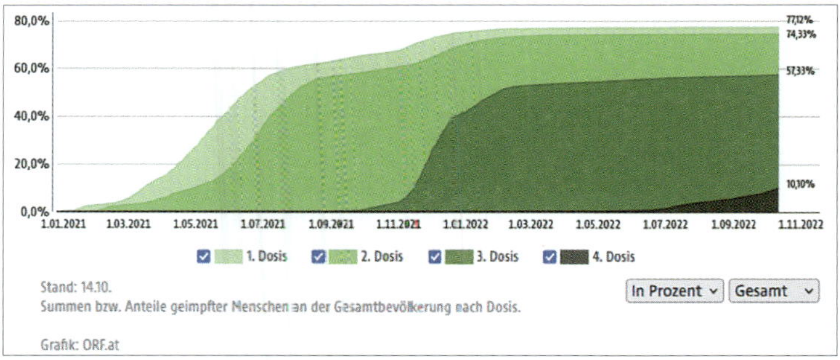

Anteil geimpfter Menschen in Österreich, Stand 14.Oktober 2022

Wenn die Behauptungen zur Wirksamkeit der Impfung stimmen würden, hätten seit Einführung der Impfung die Infektionszahlen massiv einbrechen müssen und sehr viel weniger Menschen sterben dürfen, und schon gar nicht Geimpfte.

---

213 https://www.infektionsschutz.de/coronavirus/schutzimpfung/wirksamkeit-der-covid-19-impfstoffe/

214 https://orf.at/corona/daten/impfung

Aber genau das ist nicht der Fall. Rund zwei Drittel aller COVID-19-Toten in Österreich starben nach Einführung der COVID-19-Impfungen Ende 2020, als eine Impfkampagne auf die nächste folgte.[215]

Obwohl der Großteil der Bevölkerung geimpft ist, und obwohl die Omikron-Variante deutlich milder verläuft als frühere SARS-CoV-2-Varianten, sind täglich zigtausende Menschen in Österreich und Deutschland infiziert, und es sterben nach wie vor jeden Tag Menschen an COVID-19. Die Impfung ist schlichtweg nicht der „gamechanger", als der sie gepriesen wurde.[216] Die vorliegenden Zahlen sind für eine Impfung katastrophal und zeigen eindrücklich, dass die Impfung nicht so wirksam ist, wie sie erhofft, versprochen und beworben wurde.

Stimmen die Daten der Impfstoff-Studien?

Eine Whistleblowerin erklärte öffentlich, dass Biontech/Pfizer im Rahmen einer Impfstoff-Studie falsche Impfdaten produziert haben soll.[217] Seit kurzem ermittelt die Europäische Staatsanwaltschaft zu den Impfstoff-Käufen der EU.[218] Von hochrangigen Wissenschaftlern wird schon seit langem kritisiert, dass Biontech/Pfizer und Moderna sich weiter beharrlich weigern, die Rohdaten der Impfstoff-Studien zu veröffentlichen. Nur so könnte überprüft werden, ob die Zahlen zur Wirksamkeit und den Nebenwirkungen der Impfstoffe in den Zulassungsstudien von allem Anfang an falsch waren.[219]

---

215 https://orf.at/corona/daten/oesterreich

216 ttps://www.bundeskanzleramt.gv.at/bundeskanzleramt/nachrichten-der-bundesregierung/2020/bundeskanzler-kurz-impfung-ist-game-changer-dieser-tag-wird-in-die-geschichte-eingehen.html

217 https://www.fr.de/wissen/biontech-pfizer-coronavirus-impfstoff-studie-vorwurf-impfdaten-aufbewarung-whistleblowerin-zr-91095015.html

218 https://www.faz.net/aktuell/gesellschaft/gesundheit/coronavirus/staatsanwaltschaft-ermittelt-zu-impfstoff-kaeufen-der-eu-18388873.html

219 https://www.bmj.com/content/378/bmj.o1731

Verwirrspiele mit Zahlen und Definitionen

Ein prinzipielles Problem ist, dass die diversen Impf-Studien sehr unterschiedlich angelegt und dadurch kaum vergleichbar sind. Es gibt unterschiedliche Definitionen eines COVID-19-Falls, unterschiedliche Studienprotokolle und unterschiedliche Hintergrundrisiken. Vor allem die statistischen Berechnungen sind problematisch. Es wurde zumeist nur die „relative risk reduction" (RRR) berechnet. Zu einer vollständigen Beurteilung hätte aber auch die „absolute risk reduction" (ARR) angegeben werden müssen, die absolute Reduktion des Risikos. Dieser Wert ist der eigentlich entscheidende, denn er gibt das individuelle Risiko in der Bevölkerung an.

Dazu ein einfaches Beispiel: Wenn bei 1.000 Studienteilnehmern ohne Impfung zehn Personen erkranken, bei 1.000 Studienteilnehmern mit Impfung eine Person, dann beträgt die RRR 90 Prozent (Reduktion von 10 Erkrankten auf 1 Erkrankten, 90 Prozent). Mit dieser Zahl erscheint der Effekt der Impfung natürlich sehr hoch. Die ARR ist in der gleichen Studie aber sehr niedrig, nämlich von 10/1.000 Erkrankte (1 Prozent) auf 1/1.000 Erkrankten (0,1 Prozent), also nur 0,9 Prozentpunkte. Damit erscheint der Effekt der gleichen Impfung plötzlich extrem gering. Beide Zahlen stimmen, aber der Eindruck auf die Medien und die Bevölkerung ist je nach Zahlenangabe gänzlich unterschiedlich. Die ausschließliche mediale Berichterstattung über die Relative Risiko-Reduktion (RRR) wird als „reporting bias" bezeichnet, eine „Verzerrung der Berichterstattung".[220]

Die Relative Risikoreduktion (RRR) betrug bei den ersten Impfstoff-Studien bis zu 95 Prozent. Die Absolute Risikoreduktion (ARR) lag aber nur bei bis zu 1,9 Prozentpunkte.

---

220 https://www.thelancet.com/journals/lanmic/article/PIIS2666-5247(21)00069-0/fulltext

Eine Untersuchung der ersten israelischen Daten, bei der die Gesamtbevölkerung geimpft wurde, war sehr aufschlussreich: Die RRR betrug 94 Prozent, aber die ARR nur 0,46 Prozentpunkte! Und die „number needed to vaccinate“, die Zahl der Impfungen, die nötig ist, um eine Infektion zu verhindern, betrug in Israel 217. Das heißt, dass 217 Menschen mit Pfizer/Biontech geimpft werden müssten, um eine einzige Infektion zu verhindern. Damit erscheint der Effekt der gleichen Impfung plötzlich extrem schlecht.

Impfungen schützen nicht vor Infektion oder Weitergabe der Infektion

Am 1. März 2021 erklärte der Generaldirektor der WHO öffentlich, dass „Impfungen allein keine Sicherheit bieten werden.“ Ferner, dass „Impfungen Leben retten werden, aber wenn Staaten sich allein auf Impfungen verlassen, machen sie einen Fehler.“[221]

Am 10. April 2021 erklärte der Direktor des Chinesischen Zentrums für Seuchenkontrolle und Prävention, dass „die gegenwärtigen Impfungen in der Welt keine hohen Schutzraten gegen COVID-19 haben.“[222] Er kündigte neue Strategien und mehr Forschung für neue und bessere Impfstoffe an.

Am 6. August 2021 veröffentlichte das Center of Disease Control (CDC), die oberste Seuchenbehörde der USA und die wohl am besten organisierte Organisation bei der Bekämpfung von COVID-19, ihren „Morbidity and Mortality Weekly Report“.[223] Bei einem COVID-19-Cluster in Massachusetts in-

221 *https://reliefweb.int/report/world/who-director-generals-opening-remarks-media-briefing-covid-19-1-march-2021*

222 *https://apnews.com/article/china-gao-fu-vaccines-offer-low-protection-coronavirus-675bcb6b5710c7329823148ffbff6ef9*

223 *https://www.cdc.gov/mmwr/volumes/70/wr/mm7031e2.htm*

fizierten sich 469 Personen. Davon waren 74 Prozent voll geimpft. Sehr beunruhigend war die Tatsache, dass die geimpften Infizierten genauso ansteckend waren wie die ungeimpften.

Seitdem ist es hochoffiziell: Die Impfungen schützen weder vor einer Infektion noch vor einer Weitergabe der Infektion. Schließlich musste auch die Kommission zur gesamtstaatlichen COVID-Krisenkoordination (GECKO) im Österreichischen Bundeskanzleramt in ihrem Executive Report am 18. Februar 2022 eingestehen, dass weder durchgemachte Infektionen noch die Impfungen, wie viele auch immer verabreicht werden, sicher vor einer Infektion oder einer Weitergabe des SARS-CoV-2-Virus schützen.[224]

> Bundeskanzleramt
>
> Nach allen bisherigen wissenschaftlichen Ergebnissen schützt weder eine oder mehrere durchgemachte Infektionen noch einer der Impfstoffe auch nach mehrmaliger Verabreichung eine bestimmte, einzelne Person zuverlässig und langfristig gegen Infektion und Transmission des Virus. Die

Quelle: Executive Report, GECKO, 18. Februar 2022

Jeder Geimpfte, egal wie oft geimpft, kann sich also also jederzeit wieder infizieren, krank werden und auch andere anstecken. Das lange Zeit verfolgte Ziel der Herdenimmunität ist damit obsolet.

Letzte unerfüllte Hoffnung: Impfung schützt wenigstens vor schwerem Verlauf

Als letzte „Rückzugsposition" klammerten und klammern sich Politiker, „Experten", Gesundheitsbehörden und Medien immer noch an die Hoffnung, dass die Impfungen wenigstens

---

224 https://www.bundeskanzleramt.gv.at/dam/jcr:8b4d7a49-a421-41eb-bcf0-30a12344ea69/executive_report_180222.pdf

vor einer schweren Erkrankung und vor dem Tod schützen.[225] Leider ist auch diese Hoffnung längst widerlegt, und entsprechende Behauptungen sind schlichtweg falsch.

Das Top-Journal „Science“, neben „Nature“ das wichtigste und angesehenste Wissenschaftsjournal der Welt, veröffentlichte bereits am 16. August 2021 einen Artikel, in dem kurz und prägnant ausgesagt wurde, dass die Impfungen nicht gut genug wirken.[226] Damit war bereits im August 2021 klar, dass die COVID-19-Impfstoffe schlecht wirksam sind.

Der israelische Premierminister erklärte in der Sitzung des israelischen Kabinetts am 22. August 2021, dass die Geimpften paradoxerweise die vulnerabelste Gruppe in der Bevölkerung seien. Sie meinen oftmals, dass sie sicher sind, obwohl die Wirkung der Impfung nachlässt.[227] Man darf wohl davon ausgehen, dass allen Regierungen der Welt im Sommer 2021 die Daten aus Israel bekannt waren.

Pandemie der Geimpften

Der deutsche Virologe Professor Alexander Kekulé meinte in einer Fernseh-Diskussion, dass wir „zusätzlich zur Pandemie der Ungeimpften eine nicht sichtbare und unerkannte Pandemie der Geimpften“ haben. Er bezeichnete die Geimpften wörtlich als „stealth bomber“, als unsichtbare Treiber der Pandemie.[228]

Der isländische Chef-Epidemiologe, Þórólfur Guðnason, erklärte, dass in Island trotz einer Durchimpfungsrate von über

---

225 *https://www.sozialministerium.at/dam/jcr:7994847a-7d25-4a6d-aab5-12e16cdf6adc/210122_Faktencheck_Coronavirus_pdfUA.pdf*

226 *https://www.science.org/content/article/grim-warning-israel-vaccination-blunts-does-not-defeat-delt*

227 *https://mfa.gov.il/MFA/PressRoom/2021/Pages/PM-Bennett-s-remarks-at-the-start-of-the-weekly-Cabinet-meeting-22-August-2021.aspx*

228 *https://www.zdf.de/nachrichten/panorama/lanz-kekule-corona-100.html*

80 Prozent die Hälfte der im August 2021 in den Krankenhäusern behandelten COVID-19-Patienten geimpft waren.[229] Und in Singapur erklärte Alex Cook, Experte für Infektionsmodelle an der National University of Singapore, treffend, dass „die Impfungen nicht viel helfen".[230]

Die „Washington Post" veröffentlichte erst vor kurzem einen Artikel, in dem sie erklärte, dass die COVID-19-Pandemie „keine Pandemie der Ungeimpften mehr ist", weil in den USA immer mehr Geimpfte an COVID-19 sterben.[231]

Kein Schutz vor schweren Verläufen und Tod

Leider hat sich die Situation, was die Wirksamkeit der Impfungen betrifft, seit dem Sommer 2021 noch einmal dramatisch verschlechtert. Die Impfungen schützen nicht effizient vor schweren Verläufen und Tod durch eine COVID-19-Infektion. Am 8. April 2022 waren 81 COVID-19-Patienten in den Vorarlberger Krankenhäusern, davon waren nur 17 nicht voll immunisiert (also dreimal geimpft). Von den fünf COVID-19-Patienten auf den Intensivstationen waren alle (!) voll immunisiert.

---

229 *https://www.icelandreview.com/society/covid-19-in-iceland-vaccination-has-not-led-to-herd-immunity-says-chief-epidemiologist/*

230 *https://www.abc.net.au/news/2021-09-13/singapore-has-80-per-cent-vaccination-but-life-is-not-normal/100450154*

231 *https://www.washingtonpost.com/politics/2022/11/23/vaccinated-people-now-make-up-majority-covid-deaths/*

landeskrankenhaus.at/news/lagebericht-covid-19

VORARLBERGER LANDESKRANKENHÄUSER

NOTFALL KONTAKT SUCHE

> STARTSEITE > NEWS > LAGEBERICHT COVID-19

Lagebericht Covid-19, Stand 8. April 2022

Gestern wurden 7 an COVID-19-erkrankte Personen in den Spitälern aufgenommen, 9 COVID-19-Patienten wurden aus dem Krankenhaus entlassen.
In den Spitälern Vorarlbergs ist gestern niemand im Zusammenhang mit dem Virus verstorben.

Zurzeit werden insgesamt 81 COVID-19-Patienten stationär betreut, davon sind 17 nicht vollimmunisiert. – Rund 80% der COVID-19-Patienten werden derzeit wegen einer anderen Erkrankung in den Spitälern behandelt, die Corona-Erkrankung ist die Nebendiagnose.

5 COVID-19-Patienten müssen momentan auf der Intensivstation behandelt werden, alle 5 Patienten sind vollimmunisiert. Neben den COVID-19-Intensivpatient:innen werden auch 27 Nicht-COVID-19-Patienten intensivmedizinisch betreut. Aktuell sind damit – bei Einschränkung des Regelbetriebes – noch 36 Intensivbetten für alle Patientengruppen verfügbar.

Quelle: Lagebericht COVID-19, Vorarlberger Landeskrankenhäuser, 8. April 2022

In einer umfangreichen epidemiologischen Studie untersuchten Forscher der Harvard University den behaupteten Zusammenhang zwischen hohen Impfquoten und niedrigen Infektionszahlen in insgesamt 68 Staaten weltweit sowie in 2.947 Landkreisen in den USA.[232] Das Ergebnis ihrer Untersuchung war mehr als ernüchternd. Die Hoffnung, dass hohe Impfraten zu weniger Neuinfektionen führen, wurde klar widerlegt. Im Gegenteil: Es besteht sogar ein marginaler Trend, dass Länder mit höheren Impfquoten an voll immunisierten Menschen auch eine höhere Zahl von COVID-19-Fällen aufweisen. Im Mai 2022 berichteten dann auch deutsche Mainstream-Medien – spät und zaghaft –, dass auf den Intensivstationen immer mehr Menschen liegen, die bereits eine

232 https://www.ncbi.nlm.nih.gov/pmc/articles/PMC8481107/

Booster-Impfung bekommen haben.[233] Wohl gemerkt: Nicht nur geimpft, sondern sogar geboostert, also drei – oder mehrmals geimpft. Wenn die Impfung wirklich so effektiv vor schweren Verläufen schützen würde wie behauptet, dürfte es keine Booster-Impfungen brauchen und kein „Geboosterter" mehr auf einer Intensivstation liegen. Das Gegenteil ist aber der Fall, die Zahlen steigen und steigen.

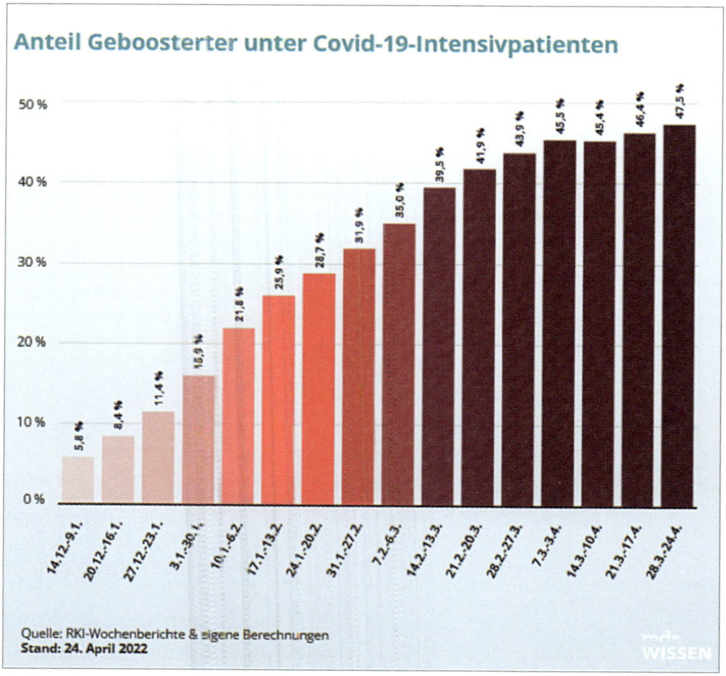

Anteil von Geboosterten auf den Intensivstationen in Deutschland bis April 2022

---

233 *https://www.mdr.de/wissen/corona-covid-anteil-von-geboosterten-auf-intensivstationen-nimmt-rasant-zu-100.html*

Ungeimpfte haben geringeres Risiko an COVID-19 zu sterben

In Deutschland und Österreich gibt es nach wie vor keine verlässlichen Daten, wie viele der COVID-19-Toten geimpft sind. In anderen Ländern gibt es solche Zahlen sehr wohl. Im Bericht der UKHSA (UK Health Security Agency, der Gesundheitsbehörde in Großbritannien) vom 31. März 2022 wurden die COVID-19-Toten zwischen dem 6. März und dem 27. März 2022 genau aufgelistet.[234]

Death within 60 days of positive COVID-19 test by date of death between week 9 2022 (w/e 6 March 2022) and week 12 2022 (w/e 27 March 2022)	Total**	Unlinked*	Not vaccinated	Received one dose (1 to 20 days before specimen date)	Received one dose, ≥21 days before specimen date	Second dose ≥14 days before specimen date¹	Third dose ≥14 days before specimen date¹
	[This data should be interpreted with caution. See information below in footnote about the correct interpretation of these figures]						
Under 18	3	0	2	0	1	0	0
18 to 29	15	0	6	0	1	3	5
30 to 39	44	0	13	0	4	10	17
40 to 49	61	1	11	0	2	18	29
50 to 59	155	0	24	0	8	45	78
60 to 69	350	1	48	0	16	77	208
70 to 79	825	3	72	0	19	120	611
80 or over	2,614	5	145	2	36	320	2,106

* Individuals whose NHS numbers were unavailable to link to the NIMS.
** number of deaths of people who had had a positive test result for COVID-19 and either died within 60 days of the first positive test or have COVID-19 mentioned on their death certificate.
¹ In the context of very high vaccine coverage in the population, even with a highly effective vaccine, it is expected that a large proportion of cases, hospitalisations and deaths would occur in vaccinated individuals, simply because a larger proportion of the population are vaccinated than unvaccinated and no vaccine is 100% effective. This is especially true because vaccination has been prioritised in individuals who are more susceptible or more at risk of severe disease. Individuals in risk groups may also be more at risk of hospitalisation or death due to non-COVID-19 causes, and thus may be hospitalised or die with COVID-19 rather than because of COVID-19.

Quelle: Bericht der UKHSA vom 31. März 2022

Insgesamt starben 4.067 Menschen innerhalb von 60 Tagen nach einem positiven COVID-19-Test an COVID-19. Nur 321 COVID-19-Tote waren ungeimpft, also nur 7,9 Prozent! 87 COVID-19-Tote waren einmal geimpft, 593 zweimal. Und sage und schreibe 3.054 (75,1 Prozent!) waren dreimal geimpft. Mit diesen Zahlen ist nicht nur bewiesen, dass das „Märchen" vom Schutz der Impfungen vor schweren Verläufen und Tod falsch ist. Die Zahlen zeigen sogar, dass Geimpfte und Geboosterte überproportional an COVID-19 sterben. Mit

234 https://assets.publishing.service.gov.uk/government/uploads/system/uploads/attachment_data/file/1066759/Vaccine-surveillance-report-week-13.pdf

anderen Worten: Je häufiger man in Großbritannien geimpft ist, desto höher ist das Risiko an COVID-19 zu sterben. Jetzt könnten unentwegte Impfbefürworter noch behaupten, dass diese Zahlen vielleicht nur in Großbritannien gelten. Doch weit gefehlt. Diese erschreckenden Zahlen werden in Australien sogar noch übertroffen. In der Woche vom 1. Oktober 2022 starben in News South Wales 75 Menschen an COVID-19. 62 (82,7 Prozent!) hatten wenigstens drei Dosen erhalten, 39 (52 Prozent!) wenigstens vier Dosen, sechs zwei Dosen, drei eine Dosis – und nur vier (5,3 Prozent!) waren ungeimpft.[235] Mit Stichtag 5. Oktober 2022 waren in Australien 55,4 Prozent der Bevölkerung drei- oder mehrmals geimpft.[236] Somit starben auch in Australien überproportional mehr Geimpfte und Geboosterte als Ungeimpfte. Etwas, das bei einer Impfung, wenn sie wirklich wirksam wäre, völlig unmöglich wäre.

NSW COVID-19 WEEKLY DATA OVERVIEW
Epidemiological week 39, ending 01 October 2022
www.health.nsw.gov.au/coronavirus

	Admitted to hospital	Admitted to ICU	Deaths
Northern Sydney	19	3	8
South Eastern Sydney	26	4	6
South Western Sydney	37	5	4
Sydney	21	3	2
Western Sydney	19	3	9
Far West	2	0	1
Hunter New England	29	4	12
Mid North Coast	8	0	5
Murrumbidgee	8	0	5
Northern NSW	13	1	3
Southern NSW	9	0	4
Western NSW	9	1	3
Vaccination status*			
Four or more doses	70	5	39
Three doses	61	5	23
Two doses	46	6	6
One dose	3	0	0
No dose	1	1	4
Unknown	57	10	3
Total	**238**	**27**	**75**

News South Wales, COVID-19-Bericht (Woche vom 1.Oktober 2022)

---

235 *https://www.health.nsw.gov.au/Infectious/covid-19/Documents/weekly-covid-overview-20221001.pdf*

236 *https://de.statista.com/statistik/daten/studie/1203308/umfrage/impfstoffabdeckung-der-bevoelkerung-gegen-das-coronavirus-nach-laendern/*

Australien	
• Auffrischungsimpfung	55,4%
• Zwei Impfungen	84,7%
• Mindestens eine Impfdosis	87,3%

Impfraten in Australien (Stand 5. Oktober 2022)

Langsam wachen die Mainstream-Medien auf

Schön langsam wachen auch die Mainstream-Medien in Deutschland und Österreich aus ihrer Impfpropaganda-Blase auf. In Deutschland sind laut Daten des DIVI-Intensivregisters auffällig viele Geimpfte auf den Intensivstationen. Geimpfte waren im August/September 2022 auf den Intensivstationen überrepräsentiert.[237] Es lagen mehr Geimpfte auf den Intensivstationen (86,3 Prozent, 1.597 Fälle) als es der Impfquote in der Bevölkerung (78 Prozent, mindestens einmal geimpft) entspricht. Der Anteil der Ungeimpften auf den Intensivstationen war dagegen viel niedriger (13,7 Prozent, 253 Fälle) als dies nach dem Anteil in der Gesamtbevölkerung zu erwarten wäre (22 Prozent). Die größte Gruppe auf den Intensivstationen waren mit 55,6 Prozent diejenigen (1.029 Fälle), die drei Impfungen erhalten hatten. 15,5 Prozent aller Patienten (286 Fälle) waren laut DIVI-Intensivregister vier Mal oder häufiger geimpft. Der „Nordkurier" stellte völlig richtig die Frage, ob es sich mittlerweile um eine „Pandemie der Geimpften" handelt.

---

237 https://www.nordkurier.de/aus-aller-welt/schwerer-corona-verlauf-sind-geimpfte-mehr-gefaehrdet-1449629709.html

Versprechungen von Politik und Medien waren falsch und irreführend

Den Menschen wird immer klarer: Die Versprechungen von Politik und Medien zu den Impfstoffen sind unwahr. Sie stimmen einfach nicht. Die meisten sehen es in ihren Familien, bei ihren Freunden, in den Betrieben. Es lässt sich einfach nicht mehr verbergen oder schönreden, dass die Impfungen Infektionen, Ansteckungen, schwere Verläufe und den Tod durch COVID-19 nicht verhindern.

Wer trotz aller Fakten immer noch an die zuverlässige Wirkung der Impfungen glaubt, der sollte sich den Impfletter des Landes Tirol vom 7. Oktober 2022 durchlesen.

Impfletter

Innsbruck, am 7. Oktober 2022

LAND TIROL

Sehr geehrte Ärztin, sehr geehrter Arzt!

Wir dürfen Sie über **WICHTIGE** aktuelle Entwicklungen zu den Covid-Impfungen in Tirol informieren:

- **„Novavax" ab Oktober 2022 nicht mehr verimpfbar**
  In absehbarerer Zeit wird es seitens des Bundes keine Nachlieferung von „Novavax" geben. Demnach besteht seit Oktober 2022 keine Möglichkeit mehr, Impfungen mit Novavax anzubieten.

- **Kein BA. 4/5 Impfstoff von Moderna**
  Seitens des Bundes wurde der Variantenimpfstoff BA. 4/5 von Moderna nicht bestellt. Aus diesem Grund wird in Österreich kein BA. 4/5 Impfstoff von Moderna zur Verfügung stehen.

- Erinnerungsschreiben des Bundes zur Auffrischungsimpfung
  Das Bundesministerium für Soziales, Gesundheit, Pflege und Konsumentenschutz (BMSGPK) schickt ab Anfang nächster Woche per Post ein Erinnerungsschreiben an Personen ab 60 Jahren und älter aus, sofern die vierte Dosis 180 Tage und mehr ausständig ist (Siehe das Schreiben anbei).

  Es ist zu erwarten, dass auf Grund dessen eine erhöhte Nachfrage in den Ordinationen entsteht. Es wird darauf hingewiesen, dass bei Personen ab 60 Jahren nach der 4. Impfung alle vier Monate eine weitere Auffrischungsimpfung empfohlen wird.

Impfletter des Landes Tirol vom 7. Oktober 2022

Demnach sollen sich alle Menschen ab 60 Jahren nach der vierten Impfung alle vier Monate impfen lassen. So etwas hat es bisher bei keiner anderen Impfung gegeben. Mich erinnert das nicht an eine Impfung, sondern an eine Dauertherapie, wie zum Beispiel bei den Spritzen zur Behandlung bei Brust- und Prostatakrebs, die alle drei Monate verabreicht werden müssen.[238]

Nicht umsonst bezeichnete der Vorstand von Bayer, Stefan Oelrich, im November 2021 beim World Health Summit die mRNA-Impfstoffe als ein Beispiel für eine Gen- oder Zelltherapie, die als Impfung „verkauft“ wurden.[239,240] Dem ist nichts hinzuzufügen.

238 *https://www.takeda.com/siteassets/de-de/home/what-we-do/packungsbeilagen/beilagen-3/trenantone_april2017.pdf*

239 *https://www.lifesitenews.com/news/bayer-executive-mrna-shots-are-gene-therapy-marketed-as-vaccines-to-gain-public-trust/*

240 *https://www.youtube.com/watch?v=IKBmVwuv0Qc*

12. Behauptung: Die Impfungen haben keine schweren Nebenwirkungen

Seit 2020 wird in den Medien, seitens der Regierungspolitik, von „Experten“ und leider auch von Ärzten gebetsmühlenartig immer wieder behauptet, dass die COVID-19-Impfungen „sicher“ seien und „extrem wenig Nebenwirkungen“ verursachen sollen.[241]

Noch im April 2022 behauptete der österreichische Gesundheitsminister Johannes Rauch im Rahmen des parlamentarischen Hearings zur Impfpflicht allen Ernstes, dass die Impfungen keine schweren Nebenwirkungen verursachen.[242] Das Robert Koch Institut erklärt immer noch, dass schwerwiegende Nebenwirkungen nach den COVID-19-Impfungen „sehr selten“ sind.[243]

Und die EU-Kommission behauptet nach wie vor, dass in den seltenen Fällen, in denen Nebenwirkungen auftreten, diese fast immer harmlos und vorübergehender Natur sind.[244]

Diese Behauptungen sind schlichtweg falsch.

---

241 https://www.aerzteblatt.de/nachrichten/130408/Ein-Jahr-Impfen-Schwere-Nebenwirkungen-extrem-selten

242 https://www.wochenblick.at/allgemein/keine-schweren-nebenwirkungen-mut-arzt-entsetzt-ueber-ahnungslosen-minister/

243 https://www.rki.de/DE/Content/Infekt/Impfen/Nebenwirkungen/nebenwirkungen_node.html

244 https://ec.europa.eu/info/live-work-travel-eu/coronavirus-response/fighting-disinformation_de

Ärzte melden Nebenwirkungen nicht

Gemäß §75g des österreichischen Arzneimittelgesetzes müssen die praktizierenden Ärzte alle vermuteten Nebenwirkungen der Impfungen beim Menschen melden. Auch das Ausbleiben der erwarteten Wirksamkeit der Impfungen, also auch alle Impfdurchbrüche (!), sind unverzüglich dem Bundesamt für Sicherheit im Gesundheitswesen mitzuteilen.[245] Und auch in Deutschland sollten alle Nebenwirkungen gemeldet werden.[246] Sollte – denn genau das passiert nicht. In Österreich werden nur rund sechs Prozent aller Nebenwirkungen von Arzneimitteln, also auch der COVID-19-Impfungen, überhaupt gemeldet.[247] Und auch in Deutschland werden viele Nebenwirkungen nicht gemeldet und wichtige Daten von den Gesundheitsbehörden nicht zusammengeführt.[248] Warum Ärzte Nebenwirkungen so selten melden, erklären die Chats einer Ärztegruppe, der auch der frühere österreichische Ärztekammerpräsident angehörte. Im Chat sprachen Ärzte ganz unverblümt über ihre Beweggründe, Nebenwirkungen der COVID-19-Impfungen nicht zu melden.[249] In der COVID-Ärzte-Gruppe sprachen Ärzte darüber, dass das Nasenspray "Coldamaris" – um rund neun Euro rezeptfrei erhältlich – vor einer Infektion schützt. Der Öffentlichkeit wurde diese wichtige Information allerdings vorenthalten. Auch über die unzähligen schweren Impfnebenwirkungen unterhielt man sich. Einer der Ärzte berichtete über einen Patienten, der zwei

---

245 https://www.ris.bka.gv.at/GeltendeFassung.wxe?Abfrage=Bundesnormen&Gesetzesnummer=10010441

246 https://www.akdae.de/fileadmin/user_upload/akdae/Arzneimitteltherapie/LF/PDF/

247 https://science.orf.at/stories/3206228/

248 https://www.focus.de/gesundheit/ausmass-bleibt-unklar-viele-impfnebenwirkungen-nicht-gemeldet-ministerium-verschleppte-wichtige-datenerfassung_id_79102312.html

249 https://www.wochenblick.at/brisant/szekeres-aerztegruppe-sie-hassen-patienten-und-ignorieren-nebenwirkungen/

Monate nach dem Stich mit Johnson & Johnson unter einer halbseitigen Gesichtslähmung litt. Die unmenschliche Reaktion eines Kollegen darauf war: Man solle die nächste „Impfung" auf der anderen Seite verabreichen, dann wäre das Gesicht wieder „symmetrisch".

[redacted] 18. November um 20:08 ·

Fall aus dem Freundeskreis: 47jähriger, gesunder, ängstlicher Mann hat 2 Monate nach Johnson Impfung eine Fazialisparese entwickelt. Diese besteht jetzt, 9Wochen später immer noch. Nur leichte Besserung der Symptomatik.
2. Impfung trotz bestehender Parese?
Patient hat natürlich Angst, diverse Ärzte haben ihm abgeraten
Ich wäre für eine Impfung, hab ihm gesagt ich frage für ihn hier einmal nach.

1 24 Kommentare

Gefällt mir Kommentieren

Alle Kommentare

[redacted]
Die zweite J&J-Impfung kontralateral geben, dann ist das Gesicht wieder symmetrisch.
Gefällt mir · Antworten · 3 Wo. 21

[redacted] geht das auch mit mRNA oder wird's dann nur halb grad?
Gefällt mir · Antworten · 3 Wo.

[redacted] humor ist, wenn man trotzdem lacht....
Gefällt mir · Antworten · 3 Wo.

[redacted]
2 Monate nach Johnson ist ziemlich sicher Zufall.
10
Gefällt mir · Antworten · 3 Wo.

Ärzte „plaudern" in einem Ärzte-Chat über Nebenwirkungen der COVID-19 Impfung

Einige Ärzte wiesen in der Gruppe darauf hin, dass die Nebenwirkungen einfach vertuscht werden. Andere wiederum fragten sich nur, wer ihnen den Aufwand bezahlen sollte beziehungsweise meinten, dass sie mehrere Stunden pro Woche brauchen würden, um die Nebenwirkungen zu melden. Die Ärzte gaben also unumwunden zu, dass sie Woche für Woche sehr viele Impfnebenwirkungen sehen – und nicht melden.

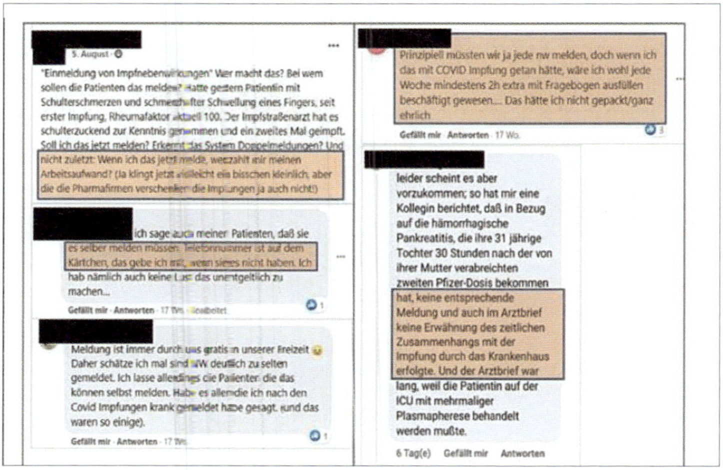

Ärzte in einem Ärzte-Chat über das Nicht-Melden von Impf-Nebenwirkungen

Schaden die Impfungen mehr als sie nützen?

In der wissenschaftlichen Literatur wird längst kritisiert, dass auch die Pharmafirmen nicht alle Daten zu den Impfstoff-Studien zur Verfügung stellen und dadurch zu wenig Daten zu den Nebenwirkungen bekannt sind. Es könnte durchaus sein, dass die Impfungen mehr schwere Nebenwirkungen hervorrufen als sie Hospitalisierungen oder Todesfälle infolge einer Covid-Infektion verhindern.[250] Das erklären nicht etwa „Corona-Leugner", „Nazis" oder „Impf-Spinner", das erklären Top-Wissenschaftler in medizinischen Wissenschaftsjournalen.[251] Sogar der öffentlich-rechtliche Rundfunk bricht langsam – wenn auch sehr spät – aus seiner Propaganda-Blase aus und erwähnt wenigstens vereinzelt Impfnebenwirkungen.[252]

---

250 *https://www.ncbi.nlm.nih.gov/pmc/articles/PMC9428332/*

251 *https://insulinresistance.org/index.php/jir/article/view/71*

252 *https://www.swr.de/wissen/studie-nebenwirkungen-corona-mrna-impfung-100.html*

In den öffentlichen Statistiken, Publikationen und in den Mainstream-Medien wird nur über einen Bruchteil der Nebenwirkungen berichtet, die durch die COVID-19-Impfungen verursacht werden. Viele Ärzte erkennen Nebenwirkungen, melden sie aber nicht. Die Öffentlichkeit sieht bis jetzt nur die Spitze des Eisbergs.

Meldung von Nebenwirkungen an die EMA

Und dennoch: Allein in der Datenbank der EMA, in der die Meldungen der Verdachtsfälle der Nebenwirkungen gespeichert sind, wurden bis zum 22. Oktober 2022 sage und schreibe 2.554.820 Nebenwirkungen nach den Impfungen mit den Impfstoffen von Biontech/Pfizer, Moderna, Astra Zeneca, Johnson&Johnson und Novavax gemeldet.[253] Da die Hürden für eine Meldung, wie man sieht, extrem hoch sind, ist davon auszugehen, dass diese Meldungen nicht bloße „Verdachtsfälle“, sondern überwiegend gesicherte Impfnebenwirkungen sind. Ein Arzt meldet eine Impfnebenwirkung nicht ohne Grund, sondern nur wenn er einen wirklichen Zusammenhang mit der Impfung sieht.

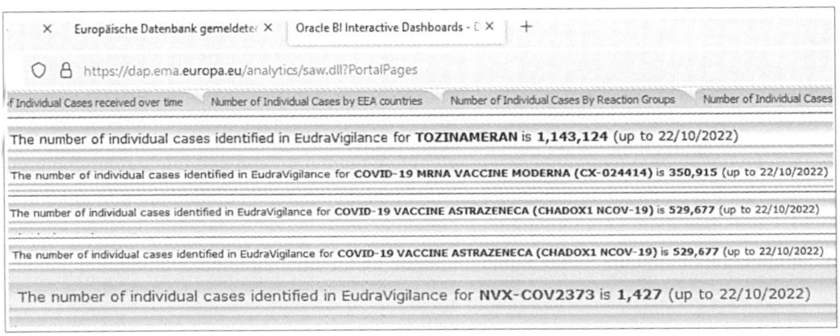

Gemeldete Verdachtsfälle von COVID-19-Impfstoff-Nebenwirkungen, Datenbank der EMA

253 *https://www.adrreports.eu/de/*

Die EMA listete am 19. August 2022 insgesamt 1.990.587 personenbezogene Verdachtsfälle von Impf-Nebenwirkungen mit insgesamt 7.153.150 einzelnen Nebenwirkungen zu den Covid Impfstoffen Rund ein Drittel, 34 Prozent, beziehungsweise 679.765 Fälle davon sind als „schwer“ kategorisiert. Die EMA listete am 19. August 2022 insgesamt insgesamt 26.152 „fatal outcomes“, also Todesfälle nach den Impfungen. Bei Kindern wurden 38.082 Verdachtsfälle mit 133.416 einzelnen Nebenwirkungen gemeldet. 17.019 Kinder, 45 Prozent, zeigten schwere Nebenwirkungen, und etliche Kinder starben. Von den 26.152 „fatal outcomes“ gingen 12.848 Todesfälle allein auf das Konto des Impfstoffs von Biontech/Pfizer.[254]

In der Datenbank der EMA waren bis zum 22. Oktober 2022 beispielsweise 3.321 „fatal outcomes“ (Todesfälle) wegen Herz-Nebenwirkungen nur beim Impfstoff von Biontech/Pfizer erfasst. In Anbetracht der Tatsache, dass nur ein Bruchteil der Nebenwirkungen dokumentiert ist, muss man allein in Europa wohl von rund 30.000 bis 40.000 Herz-Toten nach einer Impfung mit Biontech/Pfizer ausgehen. Nach den Impfungen können praktisch alle Organe geschädigt werden, z.B. Leber[255], Nervensystem[256], Niere[257], Gefäße[258],[259], Haut[260] und die Fortpflanzungsorgane[261]. Ferner können Menschen nach

---

254 https://www.transparenztest.de/post/ema-679765-der-1990587-gemeldeten-covid-impf-nebenwirkungen-sind-schwer

255 https://aasldpubs.onlinelibrary.wiley.com/doi/10.1002/hep.32572

256 https://www.thelancet.com/journals/laninf/article/PIIS1473-3099%2821%2900451-5/fulltext

257 https://ancavasculitisnews.com/news/pfizer-biontech-covid-19-vaccine-aav-kidney-damage-rare-case/

258 https://www.thelancet.com/journals/lanrhe/article/PIIS2665-9913(21)00309-X/fulltext

259 https://bmcinfectdis.biomedcentral.com/articles/10.1186/s12879-021-06655-x

260 https://onlinelibrary.wiley.com/doi/full/10.1111/jocd.15261

261 https://dap.ema.europa.eu/analytics/saw.dll?PortalPages

Impfungen blind[262], taub[263] oder gelähmt[264] sein. Sie können nach den Impfungen zuckerkrank werden[265], Bluthochdruck bekommen[266] oder vermehrt an bakteriellen oder viralen Infektionen aller Art leiden.[267]

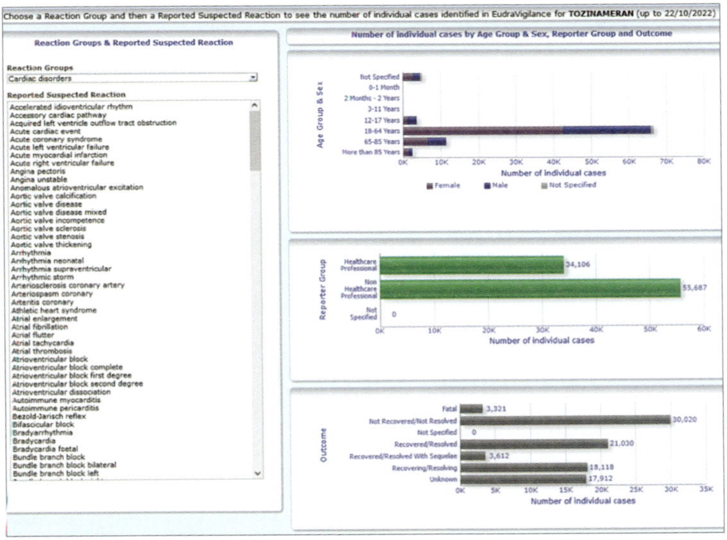

Gemeldete Verdachtsfälle von Herz-Nebenwirkungen in Europa nach Impfung mit dem Impfstoff von Biontech/Pfizer in der Datenbank der EMA, bis zum 22. Oktober 2022

In einer bahnbrechenden Publikation wurde der Fall eines 76-jährigen Deutschen veröffentlicht, der drei Wochen nach der dritten Impfung mit unklaren Symptomen gestorben war.

---

262 *https://ancavasculitisnews.com/news/pfizer-biontech-covid-19-vaccine-aav-kidney-damage-rare-case/*

263 *https://www.medrxiv.org/content/10.1101/2022.07.10.22277380v1*

264 *https://www.cdc.gov/vaccinesafety/concerns/guillain-barre-syndrome.html*

265 *https://pubmed.ncbi.nlm.nih.gov/35088548/*

266 *https://pubmed.ncbi.nlm.nih.gov/35621861/*

267 *https://jamanetwork.com/journals/jamanetworkopen/fullarticle/2788557*

Eine genaue Untersuchung von Gewebeproben ergab, dass der Patient an einer akuten Vasculitis (Gefäßentzündung), an einer multifokalen nekrotisierenden Encephalitis (Entzündung des Gehirns mit Absterben von Gewebe) und an einer Myokarditis (Entzündung des Herzmuskels) gestorben war. Die Untersuchungen ergaben auch, dass die gentechnischen COVID-19-Impfungen der Auslöser dieser schweren Erkrankungen waren, die zum Tod des Patienten führten.[268] Nach dieser Publikation erscheinen die vielen berichteten „plötzlichen“ und „unerwarteten“ Todesfälle von Geimpften in einem anderen Licht.[269]

Impfnebenwirkungen gehen in die Millionen

Wenn man von den zuvor berichteten fehlenden Meldungen von Impfnebenwirkungen ausgeht und konservativ hochrechnet, sind in Europa wohl rund 25 bis 30 Millionen Menschen von Impfnebenwirkungen betroffen, davon rund acht bis zehn Millionen schwer. 260.000 bis 300.000 Menschen sind nach COVID-19-Impfungen gestorben. Das sind erschreckende Zahlen! Jedes andere Arzneimittel, bei dem innerhalb von nicht einmal zwei Jahren so viele Verdachtsfälle von Nebenwirkungen gemeldet worden wären, wäre längst vom Markt genommen worden. Aber das will man offensichtlich nicht. Die Zahlen in den USA sind ähnlich. In der Datenbank der USA VAERS, in der die dortigen Impfnebenwirkungen nachzulesen sind, wurden bis 16. September 2022 insgesamt 31.071 Todesfälle nach COVID-19-Impfungen dokumentiert.[270] Es sind praktisch alle Organsysteme betroffen. Die Anzahl der verschiedenen Nebenwirkungs-Diagnosen ist erschreckend.

---

268 https://www.mdpi.com/2076-393X/10/10/1651

269 https://exxpress.at/ploetzlich-verstorben-schockierende-doku-gibt-impfung-die-schuld-an-todesfaellen/

270 https://www.transparenztest.de/post/us-vaers-impfdatenbank-ein-drittel-der-31071-todesfaelle-innerhalb-der-ersten-3-tage-gemeldet

Meldung von Impfnebenwirkungen offenbar unerwünscht

Wie sehr die Meldung von Nebenwirkungen nach COVID-19-Impfungen „unerwünscht“ ist, zeigen einige drastische Beispiele. Am 21. Februar 2022 schrieb der Vorstand der deutschen ProVita Betriebskrankenkasse, Andreas Schöfbeck, einen Brief an das Paul Ehrlich Institut. Darin teilte er mit, dass es „eine sehr erhebliche Untererfassung von Verdachtsfällen für Impfnebenwirkungen nach Corona-Impfung gibt.“ Aus den Abrechnungsdaten der niedergelassenen Ärzte mit den Betriebskrankenkassen für das erste Halbjahr und einen Teil des dritten Quartals des Jahres 2021 gehe hervor, dass im Jahr 2021 rund zweieinhalb bis drei Millionen Menschen wegen Nebenwirkungen der COVID-19-Impfungen ärztlich behandelt werden mussten. Das sind circa vier bis fünf Prozent aller Geimpften! Im Paul Ehrlich Institut waren aber nur 244.576 Verdachtsfälle für Impfnebenwirkungen nach Corona-Impfung gemeldet, also nur ein Bruchteil.[271]

Und wie reagierte man auf diese erschreckenden Zahlen? Mit Besorgnis, Dank für die wichtigen Daten, Konsequenzen für die Impfungen oder gar Einsicht? Keineswegs, die Reaktionen liefen nach dem typischen Muster ab: Fakten, die nicht in die Regierungs- und Pharmapropaganda passen, werden einfach umgangen, relativiert und in „Faktenchecks“ abgestritten. Und die Aufdecker werden verfolgt und „erledigt“.

Zunächst schwärmten die „Faktenchecker“ aus und erklärten, dass die Analyse der BKK Provita nicht belegt sei.[272] Und dann wurde noch nachgelegt: Andreas Schöfbeck wurde „we-

---

271 *https://www.tagblatt.de/Nachrichten/Brief-der-Krankenkasse-BKK-ProVita-an-das-Paul-Ehrlich-Institut-536277.html*

272 *https://correctiv.org/faktencheck/2022/03/18/nein-eine-analyse-der-bkk-provita-belegt-nicht-dass-impfnebenwirkungen-vom-pei-untererfasst-werden/*

gen seiner persönlichen Haltung und weil der Brief nicht abgestimmt war" fristlos entlassen.[273] Kritiker und Verkünder von Fakten werden nicht nur öffentlich lächerlich gemacht, diffamiert und als „Schwurbler" hingestellt, sie werden auch mundtot gemacht und ihre wirtschaftliche Existenz vernichtet. So sieht es im Jahr 2022 mit der Meinungsfreiheit und mit der Freiheit der Wissenschaft in der EU aus!

Die Wahrheit lässt sich nicht mehr vertuschen

Doch auf Dauer lässt sich die Wahrheit nicht mehr vertuschen und verbiegen. Am 16. Juni 2022 bestätigte eine Auswertung der Kassenärztlichen Bundesvereinigung die Zahlen der BKK ProVita.[274] In den Jahren 2016 bis 2020 waren pro Jahr rund 70.000 Patienten mit Impfnebenwirkungen beim Arzt, nach allen Impfungen – von der Tetanus- bis zur Grippe-Impfung. Im Jahr 2021 gab es dann aber eine Explosion der behandelten Impfnebenwirkungen auf circa zweieinhalb Millionen. Während sich die Zahl der Impfungen im Jahr 2021 rund versechsfachte, natürlich wegen der COVID-19-Impfungen, stiegen die Impfnebenwirkungen, die kassenärztlich behandelt werden mussten, um das rund 35-fache an.[275] Wenn man die Privatärzte, Ambulanzen und Krankenhäuser dazurechnet, kommt man genau auf die zweieinhalb bis drei Millionen Impfnebenwirkungen, die Andreas Schöfbeck vier Monate zuvor veröffentlicht hatte.

---

273 https://bkk-provita.de/aktuelles/abschliessende-stellungnahme/

274 https://www.welt.de/politik/deutschland/plus239736199/Corona-Impfung-2-5-Millionen-Patienten-meldeten-Nebenwirkungen-in-Deutschland.html

275 https://www.kbv.de/media/sp/2022-06-16_Anfrage_codierte_Impfnebenwirkungen_Covid-19.pdf

KBV KASSENÄRZTLICHE BUNDESVEREINIGUNG

IMPFSTOFFE GEGEN COVID-19: VERGLEICH ANZAHL DER IMPFUNGEN MIT ANZAHL DER CODIERTEN IMPFNEBENWIRKUNGEN 2016-2021

Anfrage MdB Sichert (AfD) im Gesundheitsausschuss am 21. März 2022

Jahr	Anzahl Impfungen (vertragsärztlicher Bereich)	Anzahl Patienten mit Impfnebenwirkungen* (vertragsärztlicher Bereich)
2016	21.128.611	67.065
2017	21.656.464	68.208
2018	23.213.850	67.789
2019	24.856.747	70.441
2020	29.937.878	76.332
	Anzahl Impfungen gegen Covid-19 (vertragsärztl./nicht-vertragsärztl. Bereich)	Anzahl Patienten mit Impfnebenwirkungen* (vertragsärztlicher Bereich)
2021	172.062.925	2.487.526

Impfnebenwirkungen in Deutschland 2021 und in den Jahren 2016 bis 2020

Für den Laien muss man dazu erklären, dass die Abrechnungszahlen der Krankenkassen wohl mit die genauesten Daten sind, die wir im Gesundheitswesen haben. Denn jeder Arzt muss jede Diagnose genau stellen und diese der jeweiligen Versicherung melden. Erst dann bekommt er sein Geld. Würde ein Arzt eine falsche Diagnose stellen und abrechnen, wäre das ein glatter Betrug.

Die „Faktenchecker" beeilten sich, diese Zahlen wieder so schnell wie möglich zu relativieren und „vor irreführenden Interpretationen" zu warnen.[276] Aber an den Zahlen gibt es nichts zu rütteln! Im Jahr 2021 hatten zweieinhalb bis drei Millionen Menschen in Deutschland so starke Impfnebenwirkungen, dass sie zum Arzt gehen und sich behandeln las-

276 https://faktencheck.afp.com/doc.afp.com.32E33Z2

sen mussten. Man kann also getrost davon ausgehen, dass es hier nicht um lapidare Rötungen, Schwellungen oder Schmerzen geht. Wegen Lappalien sucht man normalerweise keinen Arzt auf.

Starker Anstieg von Erkrankungen bei den US-Streitkräften

Am 1. Februar 2022 schrieb der ranghöchste republikanische Senator im Committee on Homeland Security and Governmental Affairs, Ron Johnson, einen Brief an den US-Verteidigungsminister. Darin präsentierte er die Auswertung der Defense Medical Epidemiology Database (DMED), in der die Gesundheitsdaten der Angehörigen der US-Streitkräfte gespeichert sind. Diese Auswertung wurde von Ärzten öffentlich bezeugt, die als „whistleblower" (Hinweisgeber und Aufdecker) agierten.

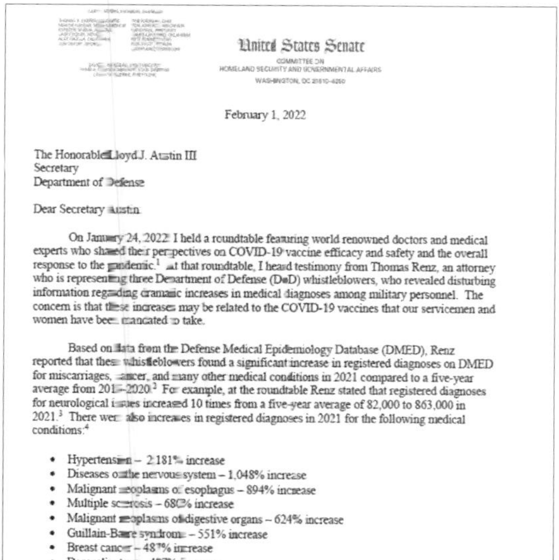

United States Senate
COMMITTEE ON
HOMELAND SECURITY AND GOVERNMENTAL AFFAIRS
WASHINGTON, DC 20510-6250

February 1, 2022

The Honorable Lloyd J. Austin III
Secretary
Department of Defense

Dear Secretary Austin:

On January 24, 2022, I held a roundtable featuring world renowned doctors and medical experts who shared their perspectives on COVID-19 vaccine efficacy and safety and the overall response to the pandemic.[1] At that roundtable, I heard testimony from Thomas Renz, an attorney who is representing three Department of Defense (DoD) whistleblowers, who revealed disturbing information regarding dramatic increases in medical diagnoses among military personnel. The concern is that these increases may be related to the COVID-19 vaccines that our servicemen and women have been mandated to take.

Based on data from the Defense Medical Epidemiology Database (DMED), Renz reported that these whistleblowers found a significant increase in registered diagnoses on DMED for miscarriages, cancer, and many other medical conditions in 2021 compared to a five-year average from 2016-2020.[2] For example, at the roundtable Renz stated that registered diagnoses for neurological issues increased 10 times from a five-year average of 82,000 to 863,000 in 2021.[3] There were also increases in registered diagnoses in 2021 for the following medical conditions:[4]

- Hypertension – 2,181% increase
- Diseases of the nervous system – 1,048% increase
- Malignant neoplasms of esophagus – 894% increase
- Multiple sclerosis – 680% increase
- Malignant neoplasms of digestive organs – 624% increase
- Guillain-Barre syndrome – 551% increase
- Breast cancer – 487% increase
- Demyelinating – 487% increase
- Malignant neoplasms of thyroid and other endocrine glands – 474% increase

Brief von Senator Ron Johnson an den US-Verteidigungsminister am 1. Februar 2022

Im Jahr 2021 kam es bei den Angehörigen der US-Streitkräfte zu massiven Anstiegen diverser Erkrankungen: Bluthochdruck 2.181 Prozent, Erkrankungen des Nervensystems 1.048 Prozent, Speiseröhrenkrebs 894 Prozent, multiple Sklerose 680 Prozent, Krebs der Verdauungsorgane 624 Prozent, Brustkrebs 487 Prozent, Krebs der Schilddrüse und anderer endokriner Drüsen 474 Prozent, Hodenkrebs 369 Prozent, Unfruchtbarkeit bei Frauen 472 Prozent und so weiter und so fort. Nach Rückfrage im Büro von Senator Ron Johnson gab es bis jetzt keine Reaktion der US-Regierung, weder eine Bestätigung noch ein Dementi. Wie sagte schon Cicero: Cum tacent clamant (Indem sie schweigen, schreien sie).

Turbo-Krebs nach Impfung

Mittlerweile ist bestätigt, dass es seit Beginn der COVID-19-Impfungen zu einem erschreckenden Anstieg von Krebserkrankungen in der Bevölkerung kommt.[277] Wir Ärzte sehen das Monat für Monat, und unsere Bevölkerungen sind mit einer Häufigkeit von neuen Krebsdiagnosen konfrontiert, wie sie in den vergangenen Jahren zuvor noch nie beobachtet wurde. Der Beginn dieses anomalen Wellenmusters von Krebsdiagnosen ist nicht zufällig.

Der Beginn dieser Explosion von Krebsfällen ereignete sich kurz nach der Einführung der Covid-19-Impfung im Jahr 2021. Die Krebspatienten werden jünger, wobei die größte Zunahme bei 30- bis 50-Jährigen zu verzeichnen ist. Die Tatsache, dass die Tumorgröße seit 2021 dramatisch zugenommen hat, die Patienten jünger sind und Rezidive (Wiederaufflammen von Krebs) und Metastasen ansteigen, sollte Schlagzeilen machen, aber davon hört man in den Mainstream-Medien und in der Politik – noch – nichts.

---

277 https://www.biznews.com/health/2022/10/18/cancer-covid-jabs

Zusätzlich sehen wir auch immer mehr besonders aggressive Krebserkrankungen kurz nach den Impfungen.[278] Dr. Ute Kruger, die frühere Leiterin des Institut für Pathologie an der Universität Lund, dachte zunächst, dass diese „Turbo-Krebsarten“, wie sie sie nennt, auf verspätete Arzttermine durch Covid-Lockdowns zurückzuführen sind, aber diese Zeit ist längst vorbei. Die Tumore wachsen immer noch aggressiv, vor allem bei jüngeren Patienten.

Krebs-Orkan zu befürchten

Es steht zu befürchten, dass wir in einen Krebs-Orkan hineinsteuern. Denn mittlerweile ist bewiesen, dass die genetischen mRNA-COVID-19-Impfungen sowohl das angeborene als auch das adaptive Immunsystem (vor allem T- Lymphozyten und Antikörper) „reprogrammieren“.[279] Die mRNA-Impfstoffe fördern die nachhaltige Synthese des SARS-CoV-2-Spike-Proteins. Dieses ist neurotoxisch und beeinträchtigt DNA-Reparaturmechanismen. Die Unterdrückung von Interferonreaktionen vom Typ I führt zu einer Beeinträchtigung der Immunantwort, was unter anderem zu einem Aufflammen von Infektionen (Gürtelrose) oder Krebs sowie zu vermehrten Infektionskrankheiten führen kann.[280] Und was erleben wir gerade? Eine Explosion der Zahl der Atemwegserkrankungen, die die Krankenhäuser und Intensivstationen an die Kapazitätsgrenze bringt.[281]

Wie sehr das Immunsystem nach den Impfungen verändert ist, zeigt auch die Tatsache, dass Hornhauttransplantate ab-

278 *https://etana.substack.com/p/turbo-cancer*

279 *https://www.medrxiv.org/content/10.1101/2021.05.03.21256520v1*

280 *https://www.sciencedirect.com/science/article/pii/S027869152200206X*

281 *https://www.n-tv.de/panorama/Erkaeltungswelle-ueberrollt-Kliniken-Deutschland-Karte-zeigt-ueberlastete-Intensivstationen-article23777945.html*

gestoßen werden können.[282] Darüber hinaus sind auch Fälle beschrieben, in denen nach COVID-19-Impfungen Nieren-, Leber-, Herz-, Lungen- und Pankreas-Transplantate abgestoßen wurden. [283]

Israel: Nebenwirkungen weder selten noch vorübergehend

In einem internen Zoom-Meeting erklärte Anfang Juni 2022 der Arzt Mati Berkowitz, der ein Forschungsteam leitete, das das israelische Gesundheitsministerium die Covid-19-Behandlungen auf ihre Sicherheit prüfen sollte. Neue Daten zeigten, dass schwerwiegende Nebenwirkungen weder selten noch kurzfristig und auch nicht vorübergehend sind.[284,285] Stattdessen zeigte eine Analyse über einen Zeitraum von sechs Monaten, dass viele Nebenwirkungen langfristig wären, auch solche die Pfizer nicht angeführt hatte. Er warnte das Ministerium, dass Klagen folgen würden, sollte die Sache öffentlich werden. Die Ergebnisse basierten auf einem neuen Überwachungssystem für die Impfungen, das erst im Dezember 2021 eingeführt worden war, da das alte System „funktionsgestört" war. Man stelle sich vor: Israel, das „Impflabor der Welt", hatte das ganze erste Impf-Jahr 2021 unzureichend Daten gesammelt. Ein Hammer!

Die Echtheit dieses Videos wurde inzwischen vom israelischen Gesundheitsministerium bestätigt.[286] Natürlich wurde wieder versucht zu relativieren, aber die Aussagen stehen für sich. In Israel kam es im Jahr 2021 zu einem dramatischen Anstieg von Herzstillständen, Herzmuskelentzündungen und

---

282 https://pubmed.ncbi.nlm.nih.gov/35956115/

283 https://www.ncbi.nlm.nih.gov/pmc/articles/PMC9412452/

284 https://brownstone.org/articles/adverse-effects-of-the-pfizer-vaccine-covered-up-by-the-israeli-ministry-of-health/

285 https://tkp.at/2022/09/21/israelisches-gesundheitsministerium-vertuschte-daten-ueber-schwere-nebenwirkungen/

286 https://archive.ph/8GiYK

akuten Gefäßerkrankungen des Herzens bei 16- bis 39-jährigen. Diese lebensbedrohlichen Notfallereignisse waren eindeutig auf die ersten und zweiten COVID-19-Impfungen zurückzuführen.[287] Auch in Israel wurde bemerkt, dass die Impfnebenwirkungen zu wenig erfasst und bekannt waren.

USA: CDC muss Zahlen zu Impfnebenwirkungen herausgeben

Die nationale Seuchenschutzbehörde der USA (CDC) muss nun, nach einem Gerichtsurteil, Nebenwirkungsdaten herausgeben, die sie bisher unter Verschluss gehalten hat. Die Ergebnisse sind erschreckend und zeigen, warum die CDC „gemauert" hat, denn knapp acht Prozent der rund zehn Millionen Nutzer der mobilen App V-SAFE mussten nach der Covid-Impfung ärztliche Hilfe in Anspruch nehmen.[288] In absoluten Zahlen sind das 800.000 von etwas über 10 Millionen Nutzern der App, mit der Geimpfte schnell und einfach melden können, wie sie sich nach der Impfung fühlen.[289]

Zunehmende Übersterblichkeit

Im Juli 2022 stieg die Übersterblichkeit in der EU auf 16 Prozent. Das heißt, dass im Juli 2022 16 Prozent mehr Menschen in Europa starben als in den Vorjahren. Sehr schnell hatten die Mainstream-Medien eine passende Erklärung dafür: Die Hitzewelle war schuld.[290] Die Sache hat nur zwei Haken: Heiße Sommer gab es zuletzt sehr oft, und besonders hohe Übersterblichkeiten hatten unter anderem Irland (16,3 Pro-

287 https://www.nature.com/articles/s41598-022-10928-z

288 https://www.cdc.gov/coronavirus/2019-ncov/vaccines/safety/vsafe.html

289 https://www.transparenztest.de/post/cdc-muss-daten-herausgeben-8-der-gemeldeten-nebenwirkungen-erforderten-aerztliche-behandlung

290 https://www.puls24.at/news/chronik/hohe-uebersterblichkeit-in-der-eu-im-juli-wegen-der-hitze/275792

zent), Deutschland (15,2 Prozent), Norwegen (14,8 Prozent), Dänemark (10,3 Prozent), Estland (12,3 Prozent), Österreich (17,5 Prozent) und die Schweiz (25,9 Prozent). Der einsame Rekordhalter war Island mit einer Übersterblichkeit von 35,8 Prozent. Und diese Länder liegen bekanntermaßen alle nicht im Süden Europas und sind nicht für ihr Wüstenklima bekannt.[291] Demgegenüber hatten Ungarn, Rumänien, Bulgarien, Tschechien und die Slowakei deutlich niedrigere Übersterblichkeiten. Wenn man diese Daten mit der die Karte der Impfraten in Europa vergleicht[292], zeigt sich eine erstaunliche Übereinstimmung. Mit anderen Worten: Je höher die Impfrate, desto höher die Wahrscheinlichkeit für eine deutliche Übersterblichkeit.

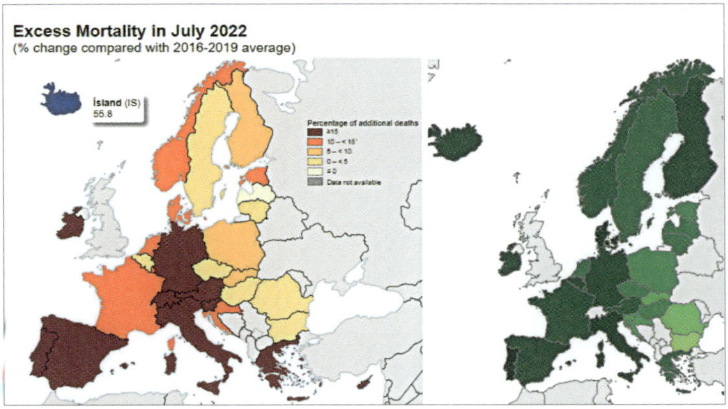

Übersterblichkeit in Europa im Juli 2022 und Impfraten in Europa (je dunkler desto höher)

291 *https://ec.europa.eu/eurostat/en/web/products-eurostat-news/-/ddn-20220916-1*

292 *https://vaccinetracker.ecdc.europa.eu/public/extensions/COVID-19/vaccine-tracker.html#uptake-tab*

Aktuelle Zahlen aus Österreich

Das Bundesamt für Sicherheit im Gesundheitswesen (BASG) veröffentlichte zuletzt einen Bericht über die Meldungen vermuteter Nebenwirkungen „im zeitlichen Zusammenhang mit den COVID-19-Impfungen". Darin wurden zwischen dem 27. Dezember 2020 und dem 30. November 2022 insgesamt 51.985 Meldungen von Nebenwirkungen im zeitlichen Zusammenhang mit der COVID-19-Impfung dokumentiert.[293] Das Erschreckende dabei: 53,2 Prozent der Nebenwirkungen betrafen die Altersgruppe 18 bis 44 Jahre und 33 Prozent die Altersgruppe 45 bis 64 Jahre. Auch die Geschlechterverteilung der gemeldeten Nebenwirkungen ist bemerkenswert: 66,3 Prozent der gemeldeten Nebenwirkungen betrafen Frauen. Diese Zahlen bestätigen: Während an COVID-19 vorwiegend alte kranke Männer sterben, betreffen die Impfnebenwirkungen überwiegend jüngere gesunde Frauen. Ich frage mich schön langsam, wo die ganzen Frauenrechtlerinnen und Genderbeauftragten angesichts solcher Zahlen sind.

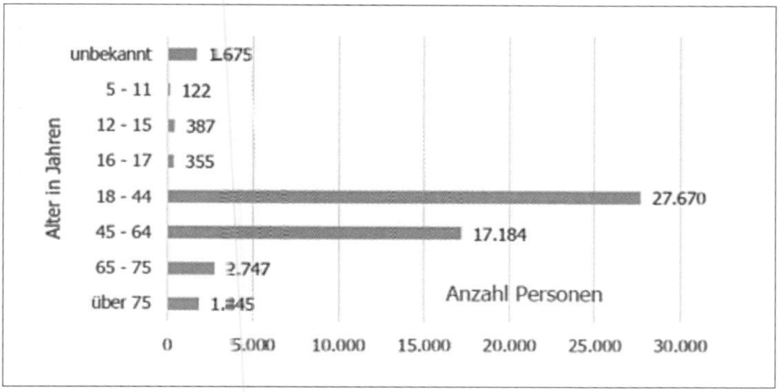

Altersverteilung der gemeldeten Impf-Nebenwirkungen in Österreich

293 *https://www.basg.gv.at/fileadmin/redakteure/05_KonsumentInnen/Impfstoffe/Bericht_BASG_Nebenwirkungsmeldungen_27.12.2020-30.11.2022_BTVI.pdf*

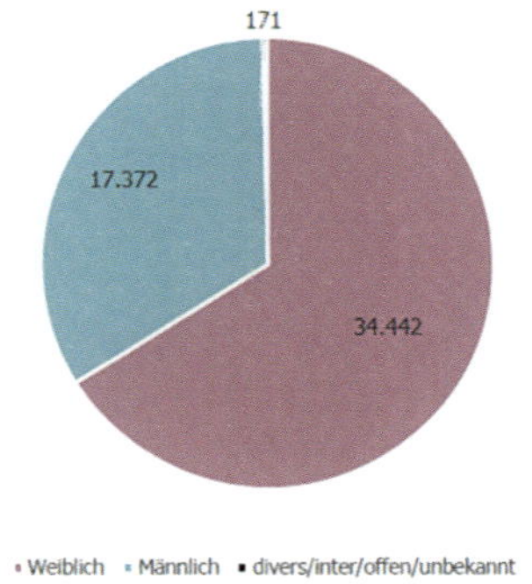

Geschlechterverteilung der gemeldeten Impf-Nebenwirkungen

Bei 2.841 Patienten war im zeitlichen Zusammenhang mit der COVID-19-Impfung ein Krankenhausaufenthalt erforderlich. Dem BASG wurden 305 Todesfälle in zeitlicher Nähe zu den COVID-19-Impfungen gemeldet, davon allein 236 nach der Impfung mit dem Impfstoff von Biontech/Pfizer. Bisher konnte nur bei sieben Fällen ein Zusammenhang mit der Impfung sicher ausgeschlossen werden. Wie gesagt: Bei diesen Zahlen wurden Nebenwirkungen „im zeitlichen Zusammenhang" dokumentiert, Langzeitfolgen und Spätschäden der Impfungen sind also nicht einmal dabei.

Allein diese Zahlen sind schon erschreckend. An Vioxx®, einem Rheuma-Medikament, erkrankten und starben in Deutschland geschätzt 7.092 Patienten, weshalb das Medikament vom Markt genommen wurde.[294] Wenn man aber noch davon ausgehen muss, dass nur rund sechs Prozent aller Nebenwirkungen wirklich gemeldet werden, ergeben die Zahlen des BASG hochgerechnet allein für Österreich horrende Zahlen: Rund 750.000 Nebenwirkungen, 45.000 erforderliche Krankenhausbehandlungen und 4.500 Tote nach den CO-

294 https://www.iqwig.de/presse/pressemitteilungen/pressemitteilungen-detailseite_11097.html

VID-19-Impfungen. Es ist erschreckend, mit welcher Ignoranz und Gleichgültigkeit die Impfnebenwirkungen bei den COVID-19-Impfungen bagatellisiert werden. Fakt ist, an den COVID-19-Impfungen starben und sterben Menschen. Mit den vorliegenden Zahlen muss man die Vielzahl von Personalausfällen in Österreich und Deutschland in diesem Jahr in einem anderen Licht betrachten.[295]

295 *https://www.derstandard.at/story/2000137393358/sorgen-wegen-corona-personal-ausfaellen-an-vielen-deutschen-kliniken*

13. Behauptung: Die Impfungen verursachen keine bleibenden Langzeitschäden

Das Paul Ehrlich Institut erklärte noch im Jahr 2022, warum es keine Spät- und Langzeitfolgen nach Impfungen gibt.[296] Und diese Meinung wurde von den Mainstream-Medien noch befeuert.[297]

Leider sind auch diese Erklärungen und Behauptungen falsch.

So erklärt das CDC, die amerikanische Gesundheitsbehörde, auf seiner Homepage wörtlich, dass schwere Nebenwirkungen langfristige gesundheitliche Probleme verursachen können.[298] Die genauen Langzeitnebenwirkungen der Impfungen sind aber noch nicht genau bekannt, da seit noch nicht einmal zwei Jahren geimpft wird und die Langzeitfolgen der Booster-Impfungen noch gänzlich unbekannt sind.

Zu den bereits bekannten Langzeitfolgen mit bleibenden Impfschäden gehören Myokarditis und Perikarditis (Herzmuskel- und Herzbeutelentzündungen). Sie können zu schweren lebenslangen Beeinträchtigungen bis hin zum Tode führen.[299] Sinusvenenthrombosen und transverse Myelitiden können zu bleibenden Querschnittslähmungen, lebenslangen

---

296 *https://www.pei.de/DE/newsroom/hp-meldungen/2022/220110-gespraech-klaus-cichutek-keine-langzeitfolgen-impfungen.html*

297 *https://www1.wdr.de/nachrichten/themen/coronavirus/impfen-langzeitfolgen-corona-100.html*

298 *https://www.cdc.gov/coronavirus/2019-ncov/vaccines/expect/after.html*

299 *https://www.cdc.gov/coronavirus/2019-ncov/vaccines/expect/after.html*

Körperbehinderungen und ebenfalls zum Tod führen.[300] Es ist also mitnichten so, dass die COVID-19-Impfungen keine Langzeitschäden verursachen können.

Die Meldung von Impfnebenwirkungen ist gesetzlich vorgeschrieben und wichtig

Im österreichischen Meldeformular für die Nebenwirkungen der Pandemie-Impfstoffe, das im übrigen am 11. Dezember 2020 erstellt wurde, also vor dem Beginn der COVID-19-Impfungen, ist deshalb in der Rubrik „Ausgang der Nebenwirkung" explizit auszufüllen, ob die jeweilige Impf-Nebenwirkung „bleibende Schäden" oder den „Tod" zur Folge hatte.[301] Das österreichische Bundesamt für Sicherheit im Gesundheitswesen ging also von allem Anfang an, noch vor Beginn der Impfkampagnen (!), davon aus, dass die COVID-19-Impfungen lebenslange Schäden verursachen können. Der Bevölkerung wurde aber lange Zeit das Gegenteil erklärt. Bei Impfschäden sind eine genaue Dokumentation und die Meldung der Nebenwirkungen wichtig. Betroffene sollten und müssen sich nicht „abwimmeln" lassen. Impfgeschädigte sollten unbedingt Ärzte beziehungsweise Krankenhäuser aufsuchen und Hilfe in Anspruch nehmen. Ärzte sind gesetzlich verpflichtet, im Patientengespräch alle Angaben des Patienten, Symptome und Beschwerden sowie verabreichte COVID-19-Impfungen zu dokumentieren. Jeder Patient hat Anspruch darauf, diese Dokumentation jederzeit zu erhalten und zu überprüfen – und bei Fehlern sofort vom Arzt korrigieren zu lassen. Darüber hinaus sollten Impfgeschädigte alle Befunde (Labor, Röntgen, EKG, Krankengeschichten, Arztbriefe, etc.) in Kopie sammeln, um ihren Anspruch auf Entschädigung untermauern zu können.

---

300 *https://www.ncbi.nlm.nih.gov/pmc/articles/PMC8653194/*

301 *https://www.basg.gv.at/marktbeobachtung/meldewesen/nebenwirkungsmeldung-human*

Bundesamt für Sicherheit im Gesundheitswesen

BASG / AGES
Institut Überwachung
Traisengasse 5, 1200 Wien, Österreich

MELDEFORMULAR FÜR NEBENWIRKUNGEN BEI PANDEMIE-IMPFSTOFFEN

Melder Stampilie Datum / Unterschrift	**Name des verwendeten Impfstoffes** **Chargennummer** ☐ Erstmeldung ☐ Folgemeldung

Bitte schicken Sie das Formular per Fax an 050555 – 36207 oder senden Sie es per Mail an nebenwirkung@basg.gv.at.
Für Rückfragen stehen wir unter 050555-36600 zur Verfügung.
Alternativ können Sie eine Meldung auch online abgeben, siehe dazu https://www.basg.gv.at/marktbeobachtung/meldewesen/nebenwirkungen
Dort finden Sie das Formular auch zum Download bzw. elektronisch befüllbar.

Initialen PatientIn (Vor-, Nachname)	Geburtsdatum (TT.MM.JJJJ)	Geschlecht m ☐ w ☐	Größe (cm)	Gewicht (kg)	Schwangerschaft Ja ☐ → SSW: Nein ☐

Beschreibung der NW- mit allen relevanten verfügbaren Befunden und ggf. Therapie	**Datum und Zeit des Auftretens (TT.MM.JJJJ / HH:MM)** **Dauer der Nebenwirkung**

Angaben zum Impfschema Verwendeter Pandemie-Impfstoff (sc = subkutan, im = intramuskulär),	Anwendung sc im unbekannt ☐ ☐ ☐ ☐ ☐ ☐	1. Dosis 2. Dosis unbekannt ☐ ☐ ☐ ☐ ☐ ☐	Anwendungsdatum
Weitere verabreichte Arzneimittel	Dosierung und Anwendung	Dauer der Anwendung von bis	Grund der Anwendung

Andere Erkrankungen/Grundkrankheit

Zusammenhang NW/verdächtigtes Arzneimittel
☐ gesichert ☐ wahrscheinlich ☐ möglich ☐ unwahrscheinlich ☐ unbeurteilt ☐ nicht beurteilbar

Schwerwiegenheits-kriterien ☐ lebensbedrohend ☐ Hospitalisierung erforderlich oder verlängert ☐ kongenitaler Schaden ☐ bleibende oder schwerwiegende Behinderung oder Invalidität ☐ AESI[1]

Ausgang der NW ☐ wiederhergestellt ☐ noch nicht wiederhergestellt ☐ bleibender Schaden ☐ Tod ☐ unbekannt

[1] Neuritis, Konvulsionen, Anaphylaxie, Enzephalitis, Vaskulitis, Guillain-Barré Syndrom, Bellsche Parese, Demyelinisierende Erkrankungen, Impfversagen (Laborwert bestätigt)

F_INS_VIE_BTVI_I431_02 gültig ab: 11.12.2020 1 von

Offizielles Meldeformular für Nebenwirkungen bei Pandemie-Impfstoffen

Jeder Arzt muss gemäß § 75g Arzneimittelgesetz auf Ansuchen des Patienten jede vermutete Nebenwirkung und auch das Ausbleiben der erwarteten Wirksamkeit, also jeden Impfdurchbruch, melden. Tut er das nicht, begeht er eine illegale Verletzung seiner ärztlichen Berufspflichten. Diese Meldung der Nebenwirkungen ist wichtig, denn sie ist ein weiterer Beweis, dass nach der Impfung Schäden und Impfdurchbrüche aufgetreten sind.[302]

Wer haftet bei bleibenden Impfschäden?

Was auch weiterhin tunlichst von Mainstream-Medien, vielen Ärzten, „Experten" und Regierungspolitik verschwiegen wird: In Österreich haftet der Staat für Impfschäden nach Impfungen, die „zur Abwehr einer Gefahr für den allgemeinen Gesundheitszustand der Bevölkerung im Interesse der Volksgesundheit empfohlen ist".[303] In der Verordnung über empfohlene Impfungen ist die COVID-19-Impfung an erster Stelle aufgelistet.[304] Auch jeder mit einem in Deutschland zugelassenen COVID-19-Impfstoff Geimpfte hat im Falle eines Impfschadens einen Anspruch auf Versorgung nach dem Infektionsschutzgesetz (IfSG).[305]

In Österreich bildet in der Regel ein vom Sozialministerium in Auftrag gegebenes Sachverständigengutachten die Grundlage für die Feststellung eines Impfschadens. Und genau hier hakt es bei der Umsetzung: Denn es darf wohl davon ausgegangen werden, dass die vom Gesundheitsministerium be-

---

302 *https://www.ris.bka.gv.at/GeltendeFassung.wxe?Abfrage=Bundesnormen&Gesetzesnummer=10010441*

303 *https://www.ris.bka.gv.at/GeltendeFassung.wxe?Abfrage=Bundesnormen&Gesetzesnummer=10010356*

304 *https://www.ris.bka.gv.at/GeltendeFassung.wxe?Abfrage=Bundesnormen&Gesetzesnummer=20005199*

305 *https://www.berlin.de/lageso/versorgung/soziales-entschaedigungsrecht/impfgeschaedigte/*

stellten Sachverständigen eher im Sinne des Auftraggebers, also des Sozial- und Gesundheitsministeriums, entscheiden werden. Wie die Sachverständigen tatsächlich entscheiden werden, wenn eventuell zigtausende Menschen ihr Recht einfordern sollten, ist noch offen. Der übergeordnete Gesundheits- und Sozialminister kann sich aber einer solchen Welle wohl nicht so einfach in aller Öffentlichkeit entgegenstellen.

Welche Entschädigungsleistungen stehen Geschädigten zu?

Alle Entschädigungsleistungen hängen prinzipiell von Art und Ausmaß der durch die Impfung erlittenen Gesundheitsschädigung ab. Das Impfschadengesetz sieht unter anderem die Übernahme von Kosten für die Behandlung des Impfschadens vor, also beispielsweise Kosten für ärztliche Hilfe, für Behandlungen in Kuranstalten und Kosten für Rehabilitation. Daneben stehen Impfopfern bei bleibenden Langzeitschäden aber auch monatliche Geldleistungen zu. Diese umfassen beispielsweise einen Pflegebeitrag vor Vollendung des 15. Lebensjahres, wenn aufgrund des Impfschadens die Hilfe einer anderen Person benötigt wird. Ab dem 15. Lebensjahr hat jeder Österreicher, der durch eine Impfung einen Schaden erlitten hat, Anrecht auf eine Beschädigten-Rente, wenn die Erwerbsfähigkeit in Folge der Impfung länger als drei Monate um mindestens 20 Prozent gemindert ist.[306]

Bei Vorliegen einer Schwerbeschädigten-Eigenschaft (Minderung der Erwerbsfähigkeit um mindestens 50 Prozent) gehört zur Beschädigten-Rente ein Erhöhungsbetrag. Und wenn aufgrund des Impfschadens für lebenswichtige Verrichtungen Hilfe einer anderen Person benötigt wird, kann eine Pflegezulage gewährt werden. Die Höhe dieser Entschädigungen richtet sich nach dem Ausmaß der Gesundheitsschädigung

306 *https://www.sozialministeriumservice.at/Downloads/SOZIALENTSCHAEDIGUNG_ISG_Impfschaden_bundesweit.pdf*

sowie den Einkommens- bzw. Ausbildungsverhältnissen der vom Impfschaden betroffenen Person. Daneben gibt es einmalige Entschädigungszahlungen. Hat die durch die Impfung erlittene Gesundheitsschädigung keine Dauerfolgen bewirkt, kann eine einmalige Entschädigung gewährt werden, „wenn durch die Impfung eine schwere Körperverletzung im Sinne des § 84 Abs. 1 Strafgesetzbuch bewirkt worden ist“. Das steht tatsächlich so wörtlich im § 2a des Impfschadengesetzes!

Stirbt eine Person an den Folgen einer Impfung oder eines Impfschadens, kann ein Sterbegeld gewährt werden. Bezugsberechtigt sind nacheinander der Ehegatte und die waisenrentenberechtigten Kinder, sofern sie die Bestattungskosten bestritten haben. Und im Falle des Todes eines Impfgeschädigten infolge des Impfschadens besteht natürlich ein Anspruch auf Hinterbliebenenversorgung für Witwen/Witwer und Waisen.

Anträge auf Entschädigung bei Impfschäden

Der Antrag kann bei jeder Landesstelle des Sozialministerium-Service abgegeben werden. Für eine raschere Erledigung ist es aber anzuraten, den Antrag bei der Landesstelle Kärnten, Kumpfgasse 23-25, 9020 Klagenfurt am Wörthersee einzubringen, die für die bundesweite Vollziehung des Impfschadengesetzes zuständig ist.

Das Sozialministerium-Service, früher Bundesamt für Soziales und Behindertenwesen, entscheidet mit Bescheid in erster Instanz. Gegen diesen kann Berufung eingelegt werden, letztendlich bis hin zum Verwaltungsgerichtshof. Die Anträge können von der Homepage des Sozialministeriums heruntergeladen werden.[307]

---

307 https://www.sozialministeriumservice.at/Finanzielles/Sozialentschaedigungen/Impfschaeden/Impfschaeden.de.html

Sozialministeriumservice

An das
Sozialministeriumservice
Landesstelle Kärnten
Kumpfgasse 23-25
9020 Klagenfurt a. W.

Eingangsstempel

ANTRAG auf **Leistungen nach dem Impfschadengesetz**

> **Zur Beachtung!**
> Wir ersuchen Sie, jeden Punkt genau zu beantworten und die Beilagen möglichst vollständig anzuschließen. Dies erspart Ihnen und dem Amt unnötige und das Verfahren verzögernde Rückfragen!
> **BITTE IN BLOCKBUCHSTABEN AUSFÜLLEN!**

A. Antragsteller/in

Familienname/Nachname – (akad. Grad/e)	Geburtsname
Vorname(n)	Frühere(r) Familienname(n)/Nachname(n)
Sozialversicherungsnummer (zehnstellig)	Wohnort/Staat
Geschlecht ☐ männlich ☐ weiblich	Krankenversicherungsträger
Erreichbar unter Telefonnummer	E-Mail-Adresse
Beruf/Tätigkeit	Beschäftigt bei

sozialministeriumservice.at

Antrag für Impfgeschädigte

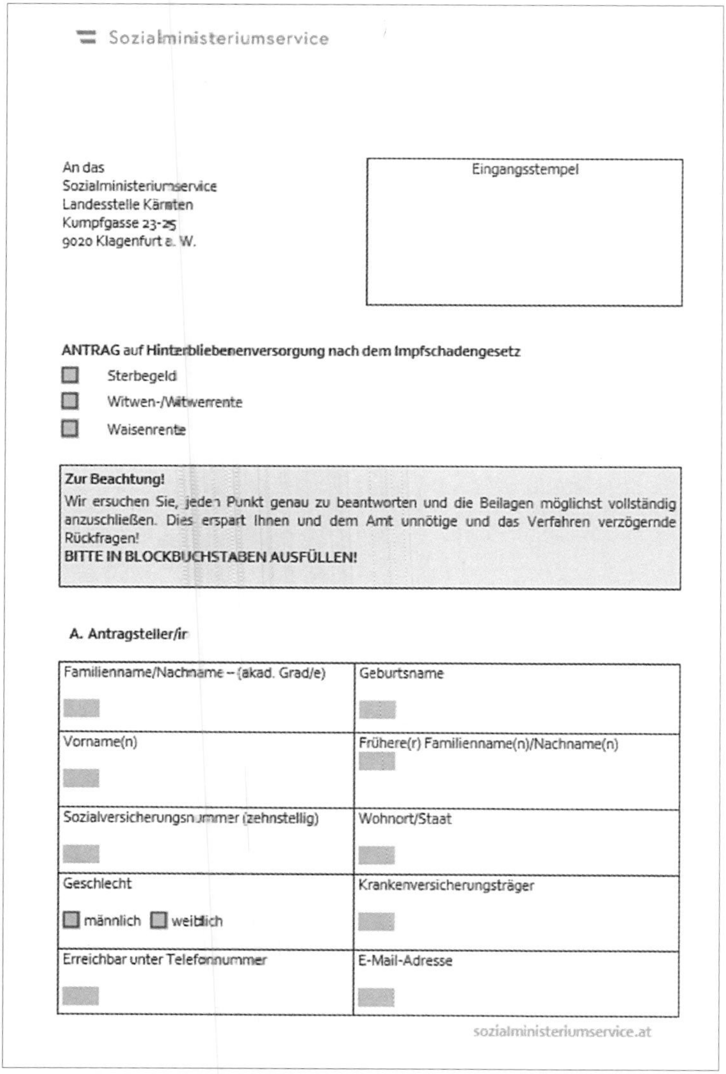

Sozialministeriumservice

An das
Sozialministeriumservice
Landesstelle Kärnten
Kumpfgasse 23-25
9020 Klagenfurt a. W.

Eingangsstempel

ANTRAG auf **Hinterbliebenenversorgung nach dem Impfschadengesetz**

- ☐ Sterbegeld
- ☐ Witwen-/Witwerrente
- ☐ Waisenrente

Zur Beachtung!
Wir ersuchen Sie, jeden Punkt genau zu beantworten und die Beilagen möglichst vollständig anzuschließen. Dies erspart Ihnen und dem Amt unnötige und das Verfahren verzögernde Rückfragen!
BITTE IN BLOCKBUCHSTABEN AUSFÜLLEN!

A. Antragsteller/in

Familienname/Nachname – (akad. Grad/e)	Geburtsname
Vorname(n)	Frühere(r) Familienname(n)/Nachname(n)
Sozialversicherungsnummer (zehnstellig)	Wohnort/Staat
Geschlecht ☐ männlich ☐ weiblich	Krankenversicherungsträger
Erreichbar unter Telefonnummer	E-Mail-Adresse

sozialministeriumservice.at

Antrag für Hinterbliebene von Impfopfern

Ähnliche Antragsformulare für Impfgeschädigte oder deren Hinterbliebene können auch in Deutschland auf den Homepages der Landesämter für Gesundheit und Soziales heruntergeladen, ausgefüllt und dann eingebracht werden. Impfopfer und deren Verwandte müssen Impfschäden nicht einfach hinnehmen. Sie haben das verbriefte Recht, ihre Schäden zu melden und dann entsprechend entschädigt zu werden. Sie müssen es aber auch tun.

Das scheint nun langsam und leider viel zu spät zu passieren. Denn seit Mai 2022 hat sich die Zahl der von den Behörden festgestellten Impfschäden in Deutschland fast verdreifacht.[308]

308 *https://www.finanznachrichten.de/nachrichten-2022-10/57438176-bericht-zahl-der-corona-impfschaeden-fast-verdreifacht-003.htm*

14. Behauptung: Die Impfstoffe können nicht an Ungeimpfte weitergegeben werden

Auch diese Behauptung ist leider widerlegt.

Unter „Impfstoff-Shedding“ versteht man die Freisetzung oder Weitergabe von Impfstoff-Bestandteilen im oder aus dem Körper des Geimpften.[309] Bisher wurde die Möglichkeit, dass es ein Impfstoff-Shedding gibt, in den Mainstream-Medien und von „Experten“ kategorisch bestritten.[310] Nichts davon sei wahr.[311] Das Spike-Protein, der „Schlüssel“ des Virus um in die Zellen zu gelangen, könne nicht übertragen werden, und auch nicht die MRNA der Impfstoffe.[312] Schon seit längerem befürchten aber viele Ungeimpfte, dass Geimpfte die mRNA des Impfstoffs oder das nach der Infektion im Körper produzierte Spike-Protein des SARS-CoV-2-Virus ausstoßen und somit andere damit „anstecken“ könnten. Auch in meiner Ordination sprechen mich immer wieder Menschen an, weil sie Angst haben, sich bei Geimpften mit der Impfung „anzustecken“. Diese Furcht kann sogar so weit führen, dass mittlerweile Ungeimpfte den Kontakt zu Geimpften abbrechen, um nicht angesteckt zu werden.[313] Immer mehr ungeimpfte

309 https://www.cdc.gov/coronavirus/2019-ncov/vaccines/facts.html

310 https://www.healthline.com/health/vaccine-shedding

311 https://www.stuttgarter-nachrichten.de/inhalt.impfstoff-shedding-die-angst-vor-den-geimpften.06449394-69fc-42fc-b888-1e594620ed56.html

312 https://www.watson.ch/schweiz/interview/808868607-faktencheck-covid-impfung-was-es-mit-impfstoff-shedding-aus-sich-hat

313 https://www.br.de/nachrichten/deutschland-welt/fr-f-impfstoff-shedding-die-angst-vor-dem-kontakt-zu-geimpften,SdE76lT

Patienten wollen keine Bluttransfusionen von Geimpften bei Operationen, weil sie kein „giftiges Blut" bekommen wollen.[314] Und immer mehr Ungeimpfte organisieren sich, um im Notfall nur Blutkonserven von Ungeimpften zu erhalten.[315,316]

Impfstoffbestandteile in der Muttermilch nachgewiesen

Die ersten klinischen Studien mit den mRNA-Impfstoffen gegen COVID-19 schlossen mehrere besonders gefährdete Gruppen aus, darunter Kleinkinder und Stillende.[317] Die Impfungen wurde trotzdem stillenden Müttern empfohlen, obwohl nicht geprüft wurde, ob Impfstoff-Bestandteile in die Muttermilch übergehen.[318]

In einer bahnbrechenden Pilot-Studie wurde nun aber Impfstoff-Shedding erstmals bewiesen. Diese Studie untersuchte, ob die COVID-19-Impfstoff-mRNA in der abgepumpten Muttermilch von stillenden, geimpften Frauen nachgewiesen werden kann. Fünf Frauen erhielten den Impfstoff von Moderna, sechs Frauen den von Biontech/Pfizer.[319] Bei den elf stillenden Frauen wurden Spuren von Biontech/Pfizer- und Moderna mRNA-Impfstoffen in sieben Proben von fünf verschiedenen Frauen zu verschiedenen Zeitpunkten bis zu 45 Stunden nach der Impfung nachgewiesen. Diese Studie weist zum ersten Mal nach, dass die mRNA von COVID-19-Impfstoffen in die Zellen der Brustdrüsen gelangt und von dort weiter in die Muttermilch.

---

314 https://www.news.de/panorama/855933725/coronavirus-news-zu-verschwoerungstheoretiker-bluttransfusion-in-usa-impfgegner-wollen-kein-blut-wegen-impfstoff-mikrochip--klon-gefahr/1/

315 https://www.extremnews.com/berichte/gesundheit/302318a48c97257

316 https://safeblood.ch/

317 https://jamanetwork.com/journals/jamapediatrics/fullarticle/2796427

318 https://www.cdc.gov/coronavirus/2019-ncov/vaccines/recommendations/pregnancy.html

319 https://jamanetwork.com/journals/jamapediatrics/fullarticle/2796427

Table 1. Demographic and Clinical Information About Breast Milk Samples Collected From 11 Lactating Individuals After Receiving an mRNA COVID-19 Vaccine

Table 1. Demographic and Clinical Information About Breast Milk Samples Collected From 11 Lactating Individuals After Receiving an mRNA COVID-19 Vaccine

Participant No.	Maternal age, y	Race and ethnicity	Mode of d elivery	Gestational age at birth, wk	Vaccine timing after delivery, wk	Vaccine type[a]
1	33	White	Vaginal	26	10	mRNA-1273
2	33	White	Vaginal	39	25	BNT162b2
3	35	White	Vaginal	37	9	BNT162b2
4[b]	34	Asian	Cesarean	39	18	BNT162b2
5	37	White	Cesarean	39	7	mRNA-1273
6[b]	37	White	Vaginal	32	6	mRNA-1273
7[b]	22	White	Vaginal	38	24	BNT162b2
8[b]	35	White	Cesarean	39	4	BNT162b2
9	38	Black	Vaginal	39	20	BNT162b2
10[b]	34	White	Cesarean	39	7	mRNA-1273
11	35	White	Cesarean	26	5	mRNA-1273

Abbreviation: mRNA, messenger RNA.

[a] mRNA-1273 was manufactured by Moderna and BNT162b2 by Pfizer-BioNTech.

[b] Participants who had detectable vaccine mRNA in their breast milk.

Impfstoff-mRNA wurde bei 5 von 11 geimpften Frauen in der Muttermilch nachgewiesen.

Impfstoff in allen Organen

Bei Ratten wurden nach der intramuskulären Verabreichung Impfstoff-mRNA-Spiegel in praktisch allen Organen (zum Beispiel im Herz-, Lungen-, Hoden- und Gehirngewebe) nachgewiesen, was auf eine Verteilung der Impfstoffe im ganzen Körper, in allen Organen, hindeutet.[320] Sie erinnern sich: Der frühere Gesundheitsminister Wolfgang Mückstein behauptete 2021 allen Ernstes, dass die COVID-19-Impfungen nicht ins Blut gehen.[321] Solchen Blödsinn konnten Impfbefürworter ohne jegliche Konsequenzen verbreiten.

Unwiderlegbares Faktum ist ab sofort, dass nach der Impfstoffverabreichung die Impfstoff-mRNA über den Blutkreislauf und/oder das Lymphsystem in die Brustdrüsen wandert. Von dort wird sie dann in die Muttermilch abgegeben. Die

320 https://www.ema.europa.eu/en/documents/assessment-report/spikevax-previously-covid-19-vaccine-moderna-epar-public-assessment-report_en.pdf

321 https://www.dailymotion.com/video/x854pm6

Folgen dieser Entdeckung sind unabsehbar. Jedenfalls ist die Behauptung, dass mRNA-Impfstoffe nicht weitergegeben werden können, falsch. Besonders beunruhigend ist, dass nicht das vom Impfstoff produzierte Spike-Protein weitergegeben wird, sondern die Impfstoff-mRNA selbst, also der Impfstoff und der Bauplan für das Spike-Protein. Der weitergegebene Impfstoff kann also – theoretisch – im Baby das Spike-Protein weiter produzieren. Ob, wo, wann, wie lange und mit welchen Konsequenzen ist noch völlig unklar. Bis zum Beweis des Gegenteils ist alles möglich. Ohne entsprechende Daten kann nichts ausgeschlossen werden, gar nichts.

Es muss nun dringend in weiteren Studien an viel mehr stillenden Frauen und gestillten Babys, auch – und vor allem in Langzeitstudien – nachgewiesen werden, ob diese „Ansteckung" mit Impfstoff-mRNA gefährlich ist. Wir wissen nicht, ob sich der Impfstoff in den Babys anreichert, wie lange er im Körper bleibt, was er dort macht, ob er das Immunsystem verändert oder ob die Babys dann „geimpft" sind. Und wenn jetzt ein „Experte" sagt, dass das „ganz sicher nicht möglich ist", dann antworte ich darauf nur: Diese und viele andere wissenschaftliche Publikationen haben längst bewiesen, dass nach den COVID-19-Impfungen leider viel mehr potentiell Gefährliches möglich ist, als man vorher zugegeben hat.

Erinnerungen an den Contergan-Skandal werden wach

Mich erinnert das alles an den Contergan-Skandal. Das Ärzteblatt titelte im Jahr 2007: „Die Contergan-Katastrophe: Die trügerische Sicherheit der „harten Daten".[322] Nach der Einführung des Medikaments Thalidomid im Jahr 1957, das auch Schwangeren gegeben wurde, wurde über Jahre übersehen, dass Tausende von behinderten Kindern geboren wur-

322 https://www.aerzteblatt.de/archiv/57224/Die-Contergan-Katastrophe-Die-truegerische-Sicherheit-der-harten-Daten

den. Jahrelang fiel das nicht auf. Tuberkulöse und Syphilitiker wurden registriert und notfalls mit staatlichem Zwang behandelt. Derselbe Staat – vom Gesundheitsamt bis zum zuständigen Ministerium – schien aber die Augen vor der damals schwersten gesundheitlichen Bedrohung der Bevölkerung zu verschließen.

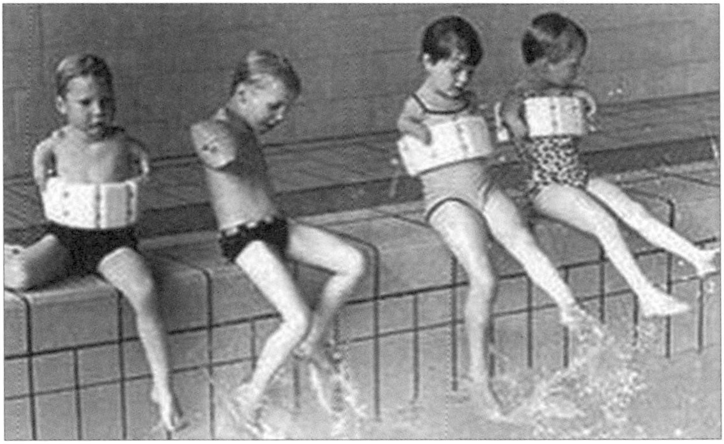

Quelle: Pinterest

Die Experten erhoben ihre Daten exakt bis zum Beginn der Katastrophe. Danach sahen sie den „Wald vor lauter Bäumen" nicht. Sie vertrauten ausschließlich auf die „harten Fakten" der Epidemiologie und die langjährige wissenschaftliche Statistik. Die nicht dazu passenden Einzelfälle wurden als Bestätigung der Regel interpretiert.

Im Frühjahr 1959 stand in einem überzeugenden Parlamentsbericht, dass die Zahl der fehlgebildeten Kinder nicht zugenommen habe. Eltern, die sich danach an die Gesundheitsbehörden wandten, konnten nun mit gutem Gewissen auf die offizielle Publikation hingewiesen werden. Die Öffentlichkeit war „immunisiert". Die „Angst vor Missbildungen" wurde als übertrieben abgetan. Die Contergan-Katastrophe nahm ihren ungehinderten Lauf. Damals gab man Frauen dieses neue Medikament, weil niemand bis dahin getestet hatte, wie es auf ungeborene Kinder wirkt. Das Ergebnis war katastrophal.

Schwangere, Stillende und Babys sind besonders gefährdet

Schwangere und stillende Frauen und deren Babys sind besonders gefährdete Personen. Warnhinweise in praktisch allen Medikamenten weisen besonders darauf hin. Bei Schwangeren und stillenden Frauen ist man normalerweise besonders vorsichtig bei der Gabe von Medikamenten. Man zog aus der Contergan-Katastrophe die richtigen Schlüsse.[323]

Dass man ausgerechnet bei den COVID-19-Impfungen allen(!) Schwangeren und stillenden Müttern flächendeckend die Impfung empfiehlt, obwohl die Folgen der Impfungen, wie man aktuell sieht, noch gar nicht absehbar sind, ist ein weiterer klassischer Bruch mit bisher in Jahrzehnten erprobten und etablierten Standard-Vorgangsweisen in der Medizin. Wir „impfen drauflos", ohne Daten, ohne Erfahrungen. Und merken erst im Nachhinein, was wirklich passiert. Wir setzen damit unsere Bevölkerung, in diesem Fall speziell unsere Schwangeren, Stillenden und Babys, weltweit einem Risiko aus, das wir noch gar nicht abschätzen können.

Wenn Stillende die Impfstoff-mRNA über die Muttermilch ausscheiden können, wer sagt dann, dass das nicht auch über die Gallenflüssigkeit, Stuhl, Urin, Schweiß, Speichel oder vielleicht sogar die Atmung passiert? Dass die Impfstoffe zum Beispiel in das Grundwasser und die Umwelt gelangen können? Damit ändert sich die Nutzen-Risiko-Abschätzung der mRNA-Impfstoffe jedenfalls dramatisch.

---

323 https://www.embryotox.de/hinweise/

Einerseits treten Politiker gegen gentechnisch veränderte Pflanzen in der Landwirtschaft auf[324], andererseits wollen sie Massen-Impfungen mit genetischen Impfstoffen (mit DNA oder RNA) durchsetzen.[325] Immer mehr wissenschaftliche Daten zeigen, welche Risiken die Geimpften und unsere gesamte Gesellschaft durch die Corona-Politik der Regierungen eingehen mussten – ohne es zu wissen und ohne gewarnt worden zu sein.

---

324 *https://www.faz.net/aktuell/wirtschaft/klima-nachhaltigkeit/gruene-gegen-gentechnik-in-der-landwirtschaft-17379270.html*

325 *https://www.derstandard.at/story/2000132864527/impfpflicht-ist-gruener-widerspruch-in-sich*

15. Behauptung: Die Übersterblichkeit ist durch den Klimawandel verursacht

Hier zwei Schlagzeilen, wie wir sie dieses Jahr in den Mainstream-Medien zum Thema „Übersterblichkeit“ lesen konnten.

> https://www.stuttgarter-zeitung.de › Panorama
>
> Hitze: Heißer Sommer lässt Sterbefallzahlen steigen - Panorama
>
> 30.09.2022 — Wiesbaden - In den heißen **Sommermonaten** dieses Jahres sind in Europa überdurchschnittlich viele Menschen gestorben. Die Todesfallzahlen für ...

Quelle: Hitze: Heißer Sommer lässt Sterbefallzahlen steigen - Panorama - Stuttgarter Zeitung (stuttgarter-zeitung.de)

> *"vn.at" gefunden am 20.09.2022 05:09 Uhr*
>
> *Johannes Huber*
>
> **Ungewöhnlich viele Sterbefälle im Sommer**
>
> Umweltmediziner Hutter: Zusammenhang mit sommerlicher Hitze im Land naheliegend.

Quelle: Ungewöhnlich viele Sterbefälle im Sommer - Vorarlberger Nachrichten | VN.at

Unsere Recherche kam zu einem anderen Ergebnis. Aber schön der Reihe nach. Schauen wir uns die Daten und Fakten an. Die Übersterblichkeit wurde auch von offiziellen Datenquellen wie Eurostat erfasst. Im Vergleich mit den durchschnittlichen, monatlichen Todesfällen in den Jahren 2016 bis 2019 erklärte Eurostat zur Übersterblichkeit in der EU im Juni 2022: „Die Übersterblichkeit variierte weiterhin in den EU-Mitgliedstaaten. Die höchste Rate im Juni 2022, mehr als das Dreifache des EU-Durchschnitts, wurde in Portugal (+ 24 %) verzeichnet. Auf Portugal folgten Spanien (+ 17 %) und Estland (+ 16 %) …“ [326]

Keine Hitzewellen in Sicht

Portugal, einer der „Impfweltmeister“, verzeichnete im Juni 2022 eine Übersterblichkeitsrate von 24 Prozent! Im Juni 2022 lagen die tiefsten Temperaturwerte in Portugal bei 16 Grad und die Höchstwerte bei 25 Grad Celsius.[327] Eine „Hitzewelle“ kann daher die Übersterblichkeit in Portugal im Juni 2022 keinesfalls verursacht haben. Laut Angaben von Eurostat lag die Übersterblichkeit in Österreich im Juni 2022 bei 10 bis 15 Prozent. Die Omikron-Variante des Virus wurde von der Regierung als wenig gesundheits- und lebensbedrohend eingestuft, ansonsten wären die Corona-Maßnahmen nicht aufgehoben worden. Im Juni 2022 betrug die Temperatur in Österreich durchschnittlich 17,5 Grad Celsius.[328] Eine Hitzewelle kann deswegen auch in Österreich die Übersterblichkeit im Juni 2022 nicht erklären.

Übersterblichkeit in der EU stieg im Juli 2022 weiter an

Im Juli 2022 erhöhte sich die Übersterblichkeit in einigen Ländern der EU weiter, auch in Österreich. Im Pandemie-Jahr 2020, dem Jahr ohne COVID-19 Impfstoffe, lag die Übersterblichkeit aller Ursachen in Österreich laut Our World in

---

326 https://ec.europa.eu/eurostat/web/products-eurostat-news/-/ddn-20220817-1

327 https://www.wetter2.com/europe/portugal?page=month&month=June

328 https://de.statista.com/statistik/daten/studie/973219/umfrage/temperatur-in-oesterreich-nach-monaten/

Data über viele Monate hinweg, im Vergleich zu den durchschnittlichen Todesfällen aller Ursachen aus den Vorjahren, bei ein Prozent oder unter ein Prozent. Erst am Jahresende 2020 wurde in Österreich ein Anstieg der Übersterblichkeit aller Ursachen registriert.[329] Hier eine grafische Darstellung der Übersterblichkeit in der EU vom Juli 2022. Bezugspunkt für diese Grafik waren die Durchschnittswerte des Juli in den Nicht-Corona-Jahren 2016 bis 2019. Die Grafik zeigt, um wie viel Prozent die Übersterblichkeit im Juli 2022 über den bisher gewohnten Durchschnittswerten lag. Bei den dunkelrot eingefärbten Ländern, Island, Deutschland, Österreich, Italien, Spanien, Portugal, Schweiz, Slowenien, Griechenland, Zypern oder Irland, lag die Übersterblichkeit bei 15 Prozent oder mehr im Vergleich zu den bisherigen Werten aus den Jahren 2016 bis 2019.

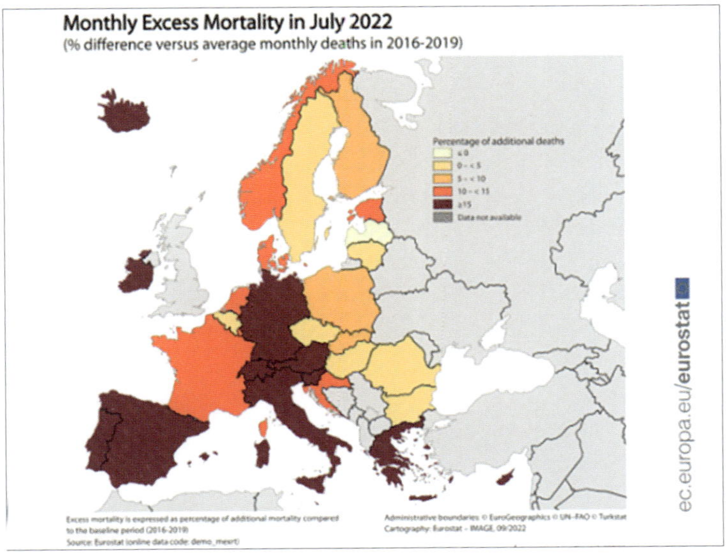

Quelle: Excess mortality - statistics - Statistics Explained (europa.eu)

---

329 Übersterblichkeit in Österreich basierend auf dem EuroMOMO-Modell, 2017-2020, Update 08.01.2021 – AGES

Übersterblichkeit Juli 2022 Länder + Anzahl der Prozentanteile 2-fach Geimpfte in der Bevölkerung 1. Juli 2022

Land	Übersterblichkeit	Mindestens 2-fach Geimpfte in % 1. Juli 2022
Malta	26,4%	89%
Portugal	28,8 %	86 %
Spanien	36,9 %	85 %
Italien	24,9 %	81 %
Irland	16,3 %	81 %
Deutschland	15,2 %	76%
Österreich	17,5 %	76 % 31.01.2022
Griechenland	31, 2 %	73 %
Zypern	32,9%	72 %
Slowenien	16,5%	58%

GERALDHAUSER

Quellen: Coronavirus (COVID-19) Vaccinations - Our World in Data
Excess mortality - statistics - Statistics Explained (europa.eu)

Zu dieser negativen Entwicklung meinte Eurostat: „Im Juli 2022 schwankte die Übersterblichkeit weiterhin in der EU, wobei ein Mitgliedstaat (Lettland) wenig oder gar keine Übersterblichkeit aufwies, während der am stärksten betroffene (Spanien) eine Übersterblichkeitsrate von 36,9 Prozent verzeichnete. Weitere Länder mit Raten über 15 Prozent waren Zypern (32,9 %), Griechenland (31,2 %), Portugal (28,8 %), Malta (26,4 %), Italien (24,9 %), Österreich (17,5 %), Slowenien (16,5 %), Irland (16,3 %) und Deutschland (15,2 %).“[330]

Spanien wurde im Juli 2022 zwar von einer Hitzewelle, die 18 Tage andauerte, heimgesucht, doch hohe Temperaturen sind in Spanien im Sommer keine Seltenheit.[331] In Irland, einem Land in dem im Sommer meist Durchschnittstemperaturen von 18 Grad gemessen werden, wurde im Juli 2022

330 *https://ec.europa.eu/eurostat/statistics-explained/index.php?title=Excess_mortality_-_statistics*

331 *https://www.wetter.de/cms/hitze-rekord-in-spanien-gluthitze-bis-46-grad-juli-2022-war-der-heisseste-monat-seit-messungsbeginn-5001051.html*

– ohne Hitzewelle – eine Übersterblichkeit von 16,3 Prozent verzeichnet, ähnlich hoch wie in Österreich.[332] Die höchste Übersterblichkeit mit 35,8 Prozent hatte ausgerechnet Island. Damit können wir getrost davon ausgehen, dass nicht die Hitze der Hauptgrund für die Übersterblichkeit in so vielen Ländern war/ist.

Lockdowns gefährdeten die Gesundheit

Die Lockdown-Maßnahmen hatten erwiesenermaßen einen Einfluss auf die menschliche Gesundheit. Laut Nachrichtenmagazin Focus war die Anzahl der tödlichen Herzinfarkte zwischen 23. März und 26. April 2020 in Deutschland um zwölf Prozent angestiegen.[333] Die verzögerte Behandlung von Schlaganfällen hatte laut Focus ebenfalls lebensgefährdende Folgen.

Eine Unterscheidung zwischen „mit" oder „an" Corona verstorben wurde nicht getroffen. Wie viele Menschen starben Ende 2020 in Österreich an Herzinfarkten oder Schlaganfällen anstatt an Corona? Das wissen wir bis heute nicht.

Gesundheitsgefährdende Faktoren, die durch Lockdowns verursacht werden, sind:

- unterlassene Arztbesuche allgemein,
- Bewegungsmangel,
- psychische Belastung aufgrund von Panikmache durch Regierung und Medien,
- gesteigerte ungesunde Lebensführung,
- Isolation, Vereinsamung und Selbstmorde aus psychischen, physischen und finanziellen Gründen,

332 *https://www.laenderdaten.info/Europa/Irland/Klima.php*

333 *https://www.focus.de/gesundheit/news/mehr-herztote-weniger-krebs-ops-daten-zeigen-verheerende-corona-kollateralschaeden_id_12914874.html*

- wirtschaftliche Schwierigkeiten, Arbeitslosigkeit,
- Erhöhung des häuslichen Konfliktpotenzials,
- besondere Verstörung von Kindern und Jugendlichen und als Folge überfüllte psychiatrische Kinder-Kliniken.

Start der Impfkampagne und Beginn der Übersterblichkeit

Am 27. Dezember 2020 startete in Österreich sehr medienwirksam die Impfkampagne gegen COVID-19. Ungefähr in derselben Zeit begannen die Impfungen auch in anderen Ländern, vor allem in den EU-Ländern, in den USA und in Israel. Die erste Personengruppe, die geimpft wurde, waren Betagte und Menschen mit Vorerkrankungen. Man wollte diese Vulnerablen vor schweren Verläufen und Todesfällen schützen, hieß es.

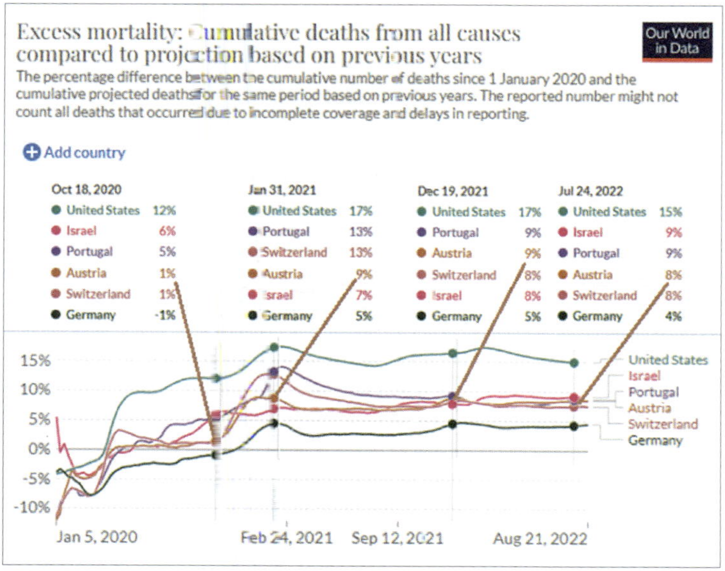

Quelle: Excess mortality: Cumulative deaths from all causes compared to projection based on previous years (ourworldindata.org)

Wie sich in der Grafik oben ablesen lässt, setzte kurz nach dem COVID-19-Impfstart in den Monaten Januar, aber auch noch im Februar 2021 ein Anstieg der Übersterblichkeit aller Ursachen in Österreich ein. Dieser Anstieg war in manchen anderen Ländern, zum Beispiel in Portugal und in der Schweiz, noch stärker. Der Trend zur erhöhten Übersterblichkeit aller Ursachen setzte sich im gesamten Jahresverlauf 2021 fort.

Laut Our World in Data wies Österreich am Stichtag 24. Juli 2022 im Vergleich zu den durchschnittlichen „Todesfällen aller Ursachen" aus den Vorjahren eine Übersterblichkeit von acht Prozent auf. Our World in Data weist ausdrücklich darauf hin, dass die gemeldeten Zahlen, aufgrund unvollständiger Erfassung und der Verzögerungen bei der Meldung, möglicherweise nicht alle Todesfälle enthalten. Das erklärt Abweichungen zu den Angaben von Eurostat bezüglich der Übersterblichkeit in der EU. Laut Eurostat betrug die Übersterblichkeit in Österreich im Juli 2022 ganze 17,5 Prozent![334]

Rekordsterblichkeit in Deutschland und den USA

Das Nachrichtenmagazin „Der Spiegel" erklärte in einem Bericht vom Januar 2022 zur Rekordsterblichkeit im Jahr 2021 in Deutschland: „2021 wurden in Deutschland mehr als eine Million Todesfälle registriert – ein Rekordwert, allein im Dezember waren es gut 100.000. Die offizielle Corona-Statistik erklärt den Anstieg nur zum Teil."[335] Erstmals seit dem Bestehen der Bundesrepublik wurden im Jahr 2021 mehr als eine Million Sterbefälle innerhalb eines Jahres verzeichnet.

---

334 Höhere Übersterblichkeit in EU im Juli – news.ORF.at

335 https://www.spiegel.de/wissenschaft/medizin/todesfaelle-in-deutschland-erstmals-seit-1946-mehr-als-eine-million-menschen-in-einem-jahr-gestorben-a-33182896-1479-40a0-b537-239a58860552

In den USA wurde im Jahr 2021 eine Steigerung der Übersterblichkeit aller Ursachen bis zu 17 Prozent registriert. Im Januar 2022 erklärte der CEO der US-Lebensversicherung OneAmerica, Scott Davison, dass die Rate der Sterblichkeit von Personen im Alter von 18 bis 64 Jahren im Jahr 2021 im dritten und vierten Quartal um 40 Prozent höher gewesen sei als vor der Pandemie.[336] Im Juni 2022 berichtete der fünftgrößte Lebensversicherer in den USA – Lincoln National Life Insurance Company – von einem Anstieg der Auszahlungen um 163 Prozent für Todesfallleistungen im Jahr 2021 für Kunden im erwerbsfähigen Alter.[337]

Laut Statista.de waren 89 Prozent der Corona-Toten im Alter 70+. [338] Eine COVID-19 Infektion führt zumeist nur bei betagten Menschen mit Vorerkrankungen zu einem tödlichen Verlauf. Ende Juni 2021 waren laut Our World in Data bereits 49 Prozent der US-Amerikaner zumindest zweifach gegen COVID-19 geimpft. Auf welche Ursache ist der eklatante Anstieg der Übersterblichkeit in der Personengruppe der jungen und jüngeren Menschen zurückzuführen? Was verursacht die erhöhte Übersterblichkeit in vielen Teilen der Welt?

Gedanken eines israelischen Arztes

Dr. Eli David offenbart in einem Twitter-Post seine Gedanken zu der Übersterblichkeit in Israel. Neben dem Twitter-Post daneben ein Auszug der Übersetzung in einem Artikel auf Report.24:

---

336 *https://www.wfyi.org/news/articles/insurance-death-rates-working-age-people-up-40-percent*

337 *https://www.lifesitenews.com/news/fifth-largest-u-s-life-insurer-reports-163-rise-in-2021-death-benefit-payouts-for-working-age-clients/?utm_source=top_news&utm_campaign=usa*

338 *https://de.statista.com/infografik/23756/gesamtzahl-der-todesfaelle-im-zusammenhang-mit-dem-coronavirus-in-deutschland-nach-alter/*

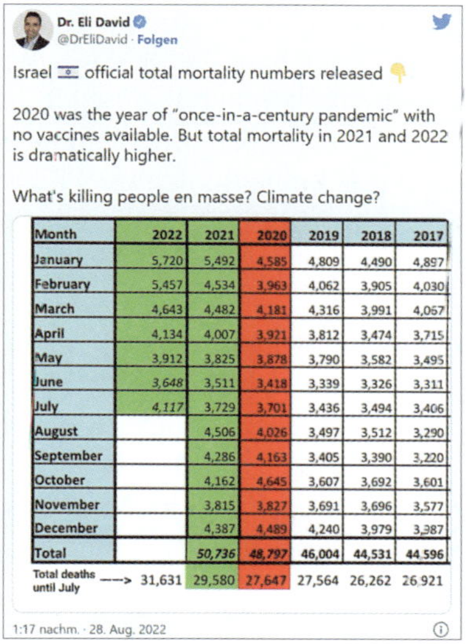

Dr. Eli David
@DrEliDavid · Folgen

Israel official total mortality numbers released

2020 was the year of "once-in-a-century pandemic" with no vaccines available. But total mortality in 2021 and 2022 is dramatically higher.

What's killing people en masse? Climate change?

Month	2022	2021	2020	2019	2018	2017
January	5,720	5,492	4,585	4,809	4,490	4,897
February	5,457	4,534	3,963	4,062	3,905	4,030
March	4,643	4,482	4,181	4,316	3,991	4,057
April	4,134	4,007	3,921	3,812	3,474	3,715
May	3,912	3,825	3,878	3,790	3,582	3,495
June	3,648	3,511	3,418	3,339	3,326	3,311
July	4,117	3,729	3,701	3,436	3,494	3,406
August		4,506	4,026	3,497	3,512	3,290
September		4,286	4,163	3,405	3,390	3,220
October		4,162	4,645	3,607	3,692	3,601
November		3,815	3,827	3,691	3,696	3,577
December		4,387	4,489	4,240	3,979	3,387
Total		50,736	48,797	46,004	44,531	44,596
Total deaths until July --->	31,631	29,580	27,647	27,564	26,262	26,921

1:17 nachm. · 28. Aug. 2022

Report24: „Doch wenn Sie sich die Zahlen […] genauer ansehen, werden Sie feststellen, dass mit der großangelegten Impfkampagne gegen Covid-19 im Jahr 2021, (bereits im März 2021 waren mehr als die Hälfte der Bevölkerung vorwiegend mit dem experimentellen mRNA-Vakzin von Pfizer „vollständig" geimpft), die Sterbezahlen deutlich über dem Schnitt der letzten Jahre lagen. [339]

Gleichzeitig lagen die Zahlen 2020 (also während das Virus bereits zirkulierte) im ersten Halbjahr noch im zu erwartenden Bereich und stiegen erst im zweiten Halbjahr deutlich an. Doch trotz (oder wegen?) der Impfprogramme sinken die Sterbezahlen nicht mehr – sondern scheinen im Gegenteil sogar noch weiter zu steigen."[340] Report24 berichtete Ende August 2022 über den Twitter-Beitrag von Dr. Eli David. Im selben Artikel wurde auch die Übersterblichkeit in den USA, in Australien, Deutschland [341], Chile [342] und Portugal [343] sowie

---

339 Israel Coronavirus Full Vaccination Rate (ycharts.com)

340 Auch in Israel und den USA: Das große Sterben hat begonnen - woher kommen all die Toten? (report24.news)

341 Erschütternde Zahlen in Deutschland: Hohe Übersterblichkeit, Geburtenrückgang (report24.news)

342 Chile: Voll geimpft, geboostert - und weiterhin hohe Übersterblichkeit (report24.news)

343 Spritz-Vorbild Portugal kämpft mit höchster Übersterblichkeit in Europa (report24.news)

England und Wales [344] thematisiert. Laut Daten des Australian Bureau of Statistics – Australisches Statistikamt – lag die Übersterblichkeit für den Zeitraum Januar bis 31. Mai 2022 weit über den normalen Werten. In Summe wurden 75.593 Todesfälle von Januar bis 31. Mai 2022 gemeldet. Das waren um 10.757 (16,6 Prozent) mehr als im historischen Durchschnitt.[345]

Signifikanter Zusammenhang mit den Impfungen

Transition News berichteten über einen Substack-Beitrag des Mathematikers Igor Chudov.[346] Dieser analysierte die Übersterblichkeit des laufenden Jahres 2022 in 29 Ländern und fand einen statistisch signifikanten Zusammenhang mit den Auffrischungsimpfungen gegen Covid-19 heraus.[347]

„Irgendetwas muss im April 2021 passiert sein", schrieb Peter F. Mayer über die Übersterblichkeit in Deutschland, „das zu einem plötzlichen und anhaltenden Anstieg der Sterblichkeit in den Altersgruppen unter 80 Jahren geführt hat, obwohl während der COVID-19-Pandemie bisher keine derartigen Auswirkungen auf die Sterblichkeit beobachtet worden waren."[348]

Die Sterblichkeitsdaten für Deutschland zeigen ab Anfang 2021, dass die Impfung nicht unbedingt vor Todesfällen schützt. Sie scheint diese eher in allen Alterskategorien zu

---

344 Bericht: Beunruhigende Übersterblichkeit auch in England und Wales (report24.news)

345 Provisional Mortality Statistics, Jan - May 2022 | Australian Bureau of Statistics (abs.gov.au)

346 PROVEN RELATIONSHIP: COVID Boosters and Excess Mortality in 2022 (substack.com)

347 Mehr Booster, mehr Todesfälle – in 29 Ländern - Transition News (transition-news.org)

348 Übersterblichkeit in Deutschland - Vergleich 2020 bis 2022 (tkp.at)

fördern, wie die deutschen Wissenschaftler Christof Kuhbandner und Matthias Reitzner herausfanden.[349]

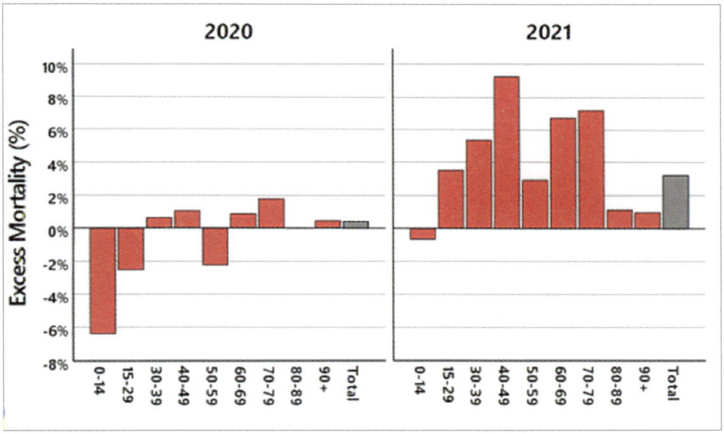

Quelle: Übersterblichkeit in Deutschland - Vergleich 2020 bis 2022 (tkp.at)

Die Omikron-Variante des COVID-Virus verursacht nur eine geringe Sterblichkeit. Hitzewellen sind keine neue Erscheinung des Klimawandels, es gab sie schon immer. Außerdem entspricht das Muster der Hitzewellen und der Klimazonen nicht dem der Übersterblichkeit. Auch die Sprünge der Sterbefälle sprechen nicht für die Hitzetoten-These. Vielmehr sieht es so aus, als seien die Corona-Maßnahmen und insbesondere die Corona-Impfungen entscheidend für die anhaltende Übersterblichkeit.

349 (PDF) Excess mortality in Germany 2020-2022 (researchgate.net)

16. Behauptung: Wir haben immer weniger Arbeitssuchende

Kleine Zeitung

Personalmangel als Grund: Lufthansa und Eurowings ...

Europas Luftfahrtbranche leidet aktuell unter Engpässen und Personalmangel. Die AUA-Mutter Lufthansa streicht deswegen nur im Juli 900 Flüge.

08.06.2022

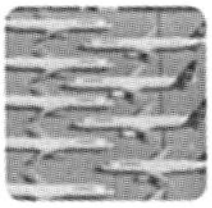

MeinBezirk.at

Arbeitskräftemangel: Fehlende Hände in der Gastronomie ...

Flexiblere Arbeitszeiten sind schwer möglich, die Gastronomie muss ... „Wir haben österreichweit zur Zeit rund 130.000 Beschäftigte mehr als...

Österreich

Personalmangel im Tourismus verdoppelt

Die Pandemie hat den Arbeitskräftemangel noch verschärft. Im April vor drei Jahren fehlten in Gastro und Tourismus mit 8.600 Mitarbeitern und...

23.05.2022

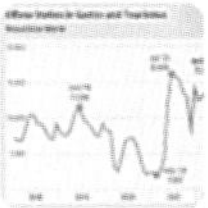

ORF

Lehrermangel: 8.600 Stellen sind ausgeschrieben - news

Insgesamt sind heuer an den heimischen Schulen 8.600 Lehrerstellen ausgeschrieben worden – bei insgesamt rund 120.000 Pädagoginnen und...

vor 2 Tagen

Es gibt weniger Arbeitssuchende. Das stimmt, denn es herrscht ein eklatanter Arbeitskräftemangel. Viele Stellen können derzeit nicht besetzt werden. Die Frage ist nur: Warum?

Die Baubranche, das Gesundheitswesen, die Elementarpädagogik und viele andere Bereiche leiden unter akutem Personalmangel. Das österreichische Arbeitsmarktservice (AMS), ein Dienstleistungsunternehmen des öffentlichen Rechts, beurteilt die aktuelle Situation wie folgt: In Österreich gab es im Juli 2022 29.000 Arbeitssuchende weniger als im Juli 2019. Die Anzahl der Arbeitslosen ist aktuell, im Vergleich zur Zeit vor Corona, gesunken. Gleichzeitig ist die Anzahl der offenen Stellen um 22 Prozent gestiegen.[350] Mit anderen Worten: Es fehlen Arbeitskräfte, in Österreich vor allem Personen im produktiven Alter. „Mittlerweile erleben wir in Österreich also nicht mehr nur einen Fachkräftemangel, sondern einen Arbeitskräftemangel", erklärte Agenda Austria-Ökonom Marcell Göttert.[351]

Wo sind diese fehlenden Arbeitskräfte? In den zwei Corona-Jahren hat sich die Altersstruktur der Bevölkerung nicht gravierend verändert. Warum gibt es heute, im Jahr 2022, weniger Personen auf dem Arbeitsmarkt als vor Corona?

Ausländische Arbeitskräfte wurden aus Österreich hinausgeekelt

Viele ausländische Arbeitskräfte sind in der Coronazeit von der österreichischen Regierung ohne Not durch die Auferlegung völlig überzogener und teilweise sinnloser COVID-19-Maßnahmen vertrieben worden. So habe ich immer wieder die Unsinnigkeit aufgezeigt, dass Personen, die mit dem Sputnik-Vakzin geimpft waren, bei uns als ungeimpft galten. Sie mussten sich noch einmal gegen Corona impfen oder ständig testen lassen. Warum diese Personen derartige Schikanen erdulden mussten, wurde offiziell nie erklärt. Eine medizinische Begründung dafür wurde nie präsentiert. Viel-

350 www.ams.at

351 agenda-austria.at

leicht wollte die Regierung das Zuviel an eingekauftem Impfstoff loswerden und diesen den ausländischen Arbeitskräften aufzwingen? Aufgrund der widersinnigen, wirtschaftsfeindlichen COVID-Maßnahmen der österreichischen Regierung zieht es ein Teil der Pendler aus dem Ausland mittlerweile vor, lieber zuhause zu bleiben. Aber das Fehlen von so vielen Arbeitskräften am heimischen Arbeitsmarkt kann damit nicht erklärt werden.

Wohin sind all die anderen Arbeitskräfte verschwunden? Sind sie allesamt an Corona erkrankt oder in Quarantäne? Einige von ihnen waren vorübergehend sicherlich auch in Quarantäne, aber das ist eine zeitlich begrenzte, vorübergehende Maßnahme.

Personalmangel im Gesundheitswesen besorgniserregend

Der Mangel an Personal im österreichischen Gesundheitswesen ist besorgniserregend. Die medizinische Versorgung kann aufgrund fehlender Mitarbeiter, von Ärzten bis hin zum Pflegepersonal, schon jetzt nicht mehr ausreichend gewährleistet werden. Sogar der Mainstream berichtete darüber. Es ist längst nicht nur die Belastung durch COVID-Patienten, die den Krankenhäusern zusetzt. Wie in anderen Branchen fehlt es auch im Gesundheitsbereich an Personal. „Es ist ein wirkliches Problem", sagte die ärztliche Leiterin Alexandra Kofler von der Klinik Innsbruck vor kurzem zum ORF Tirol."[352] Und der Leiter der Inneren Medizin in der Uniersitätsklinik Innsbruck brachte es in der „Tiroler Tageszeitung" auf den Punkt: „Wir sind in der Bredouille, aber nicht wegen Corona."

352 Corona verschärft Personalsituation in Spitälern weiter - Coronavirus - derStandard.at › Panorama

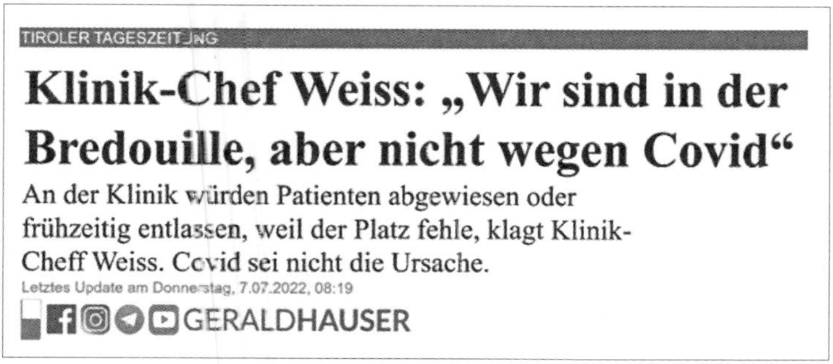
TIROLER TAGESZEITUNG

Klinik-Chef Weiss: „Wir sind in der Bredouille, aber nicht wegen Covid“

An der Klinik würden Patienten abgewiesen oder frühzeitig entlassen, weil der Platz fehle, klagt Klinik-Cheff Weiss. Covid sei nicht die Ursache.

Letztes Update am Donnerstag, 7.07.2022, 08:19

GERALDHAUSER

Auch andere Länder berichten 2022 über Versorgungsprobleme im Gesundheitswesen. Hier ein Beispiel aus Berlin: „Fast ein Viertel der 38 Berliner Rettungsstellen meldet sich im Laufe eines Tages ab, nimmt dann also keine oder nur äußerst wenige Patient:innen auf. Insbesondere die größeren Notaufnahmen in Mitte, Neukölln und Berlins Nordwesten teilten Feuerwehr und Krankentransporten diesen Sommer mehrfach die Woche, wie berichtet, mit, für Stunden oder gar bis zum nächsten Tag keine neuen Fälle versorgen zu können. Die Personalnot betrifft nicht nur die Rettungsstellen, sondern den gesamten Klinikbetrieb.“[353] Das österreichische Infoportal www.tkp.at sieht als Ursache für diese Versorgungsprobleme den Impfzwang sowie generell gesundheitsschädliche Maßnahmen der Regierungen. „Die Impfpflicht beziehungsweise der Impfzwang im Gesundheitssystem führt zum Kollaps. Ungeimpfte wurden entweder gefeuert oder haben sich selbst dem Druck zur unerwünschten Gentechnik-Behandlung durch Kündigung oder Frühpension entzogen, schließlich ermöglicht die Ausbildung eine Abschätzung von Folgen. Aus immer mehr Ländern und Städten wird über den Zusammenbruch des Systems berichtet.“[354]

---

353 *Fehlendes Personal, auch fehlende Hygiene?: Linke beklagen „gefährliche Zustände“ im Klinikum Neukölln (tagesspiegel.de)*

354 *Flucht der Mitarbeiter aus dem Gesundheitssystem – am Beispiel Berlin (tkp.at)*

Politik entrechtete ungeimpfte Arbeitnehmer

Die Politik befeuerte den Frust und die Angst der Arbeitnehmer massiv. Man erinnere sich nur an die Aussagen der österreichischen Verfassungsministerin Karoline Edtstadler (ÖVP): „Mit der Einführung der Impfpflicht ist es eigentlich rechtswidrig in Österreich zu wohnen und nicht geimpft zu sein. Und daraus können sich auch andere Konsequenzen knüpfen".[355] So sprach die Regierungspolitik Ungeimpften fundamentale Grundrechte ab und drängte sie aus dem Arbeitsmarkt – und manche aus dem Land.

Auch bei der Polizei in Österreich gab und gibt es aus dem gleichen Grund einen Personalmangel. Mittlerweile dürfen Ungeimpfte jedoch wieder in den österreichischen Polizeidienst eintreten. Der Wegfall dieser Einschränkung des Rechts auf medizinische Selbstbestimmung ist vor allem dem Bestreben und den Bemühungen der freiheitlichen Polizeigewerkschaft zu verdanken. Man hofft nun auf neue Bewerber.[356]

Längst ist es an der Zeit, den Dingen auf den Grund zu gehen und die Wahrheit auszusprechen. Einerseits ist es der Impfzwang, der die Menschen davon abhält, bestimmten Berufen nachzugehen. Andererseits sorgen auch die Nebenwirkungen der weit verbreiteten Impfung gegen COVID-19 für den Arbeitskräftemangel.

---

355 https://www.heute.at/s/impfpflicht-das-passiert-mit-allen-die-sich-weigern-100178455

356 Aus Personalmangel - Aufhebung der Vollimmunisierung bei Polizeirekruten - Wochenblick.at

Impfschäden verursachen Personalausfall im Flugverkehr

Mit dementsprechenden Berichten meldeten sich Angestellte von Fluglinien und des Bodenpersonals zu Wort. Aufmerksamen Beobachtern ist bereits seit Monaten aufgefallen, dass sich – trotz eines auferlegten Maulkorbs – Piloten und Angestellte der Fluglinien an die Öffentlichkeit gewagt und über Nebenwirkungen der COVID-19-mRNA-Impfstoffe berichtet haben. Diese Personengruppe musste sich frühzeitig impfen lassen und gehört den Berufen an, die am stärksten zur Impfung genötigt wurden und werden. Eine Anfrage zu diesem Thema habe ich im Parlament eingebracht:

> **12896/J** — 1 von 4
> **vom 02.11.2022 (XXVII. GP)**
>
> **ANFRAGE**
>
> der Abgeordneten Mag. Gerald Hauser
> an den Bundesminister für Soziales, Gesundheit, Pflege und Konsumentenschutz
> betreffend **Post-Vacc-Flugchaos**
>
> Am 5. Juli 2022 um 19:30 hat im EU-Parlament in Straßburg eine Expertenrunde über die Probleme der Angestellten in der Flugbranche mit den Nebenwirkungen der Corona-Impfungen diskutiert. Vor allem machten sich die Experten Sorgen um die Sicherheit im Flugverkehr.

Quelle: 12896/J (XXVII. GP) - Post-Vacc-Flugchaos | Parlament Österreich

Die Angehörigen des Flugpersonals berichteten über viele Nebenwirkungen der COVID-Impfstoffe und gesundheitliche Probleme.[357] Eine gehäufte Krankheitsanfälligkeit führt zu Ausfällen und Flugstornierungen sowie zum Chaos bei der Abfertigung am Flughafen. Sollten Nebenwirkungen oder „plötzlich und unerwartet" ein Todesfall während des Fluges auftreten, sind sehr viele Menschen von den Folgen betrof-

357 Identity and Democracy Group Conference - POST-VAC FLIGHT RISKS – Are you safe on board a plane (europa.eu)

fen. Piloten und Flugpersonal sind für ein Flugzeug und alle Menschen an Bord verantwortlich. Sie müssen fit sein und für die Sicherheit der Passagiere sorgen. Kein Wunder, dass sich die Mitarbeiter im Flugbetrieb Gedanken machen und auf die Nebenwirkungen der COVID-19-Impfstoffe und die daraus resultierenden Folgen hinweisen.

Todesfälle und Nebenwirkungen nach COVID-19 Impfung

In meinen Parlamentsreden habe ich oftmals auf die unglaublich hohe Anzahl an „vermuteten" Todesfällen und Nebenwirkungen in zeitlicher Nähe zur Verabreichung der COVID-19 Impfstoffe hingewiesen. Ich berief mich dabei auf die Zahlen der Datenbank der Europäischen Arzneimittel-Agentur (EMA) zur Meldung von unerwünschten Nebenwirkungen von Arzneimitteln. Dabei ist die allgemeine Meldequote der unerwünschten Nebenwirkungen von Arzneimitteln in Österreich und Deutschland insgesamt sehr niedrig. In Österreich liegen die Meldungen laut dem Verband der pharmazeutischen Industrie Österreichs (Pharmig) bei sechs Prozent.[358] Und in Deutschland wird laut der Pharmazeutischen Zeitung nur etwa ein Prozent der Nebenwirkungen offiziell erfasst.[359]

Für meine warnenden Worte wurde ich von vielen Kollegen der Systemparteien im Parlament ausgelacht. Mir ist ein solches Verhalten unbegreiflich. Warum setzt man sich innerhalb der Systemparteien (ÖVP, SPÖ, GRÜNE, NEOS) nicht ehrlich mit den Sachargumenten und den offiziellen Zahlen zu den Nebenwirkungen der COVID-19-Impfstoffe auseinander? Warum reagiert man mit impulsiven persönlichen Herabsetzungen?

---

358 Nebenwirkungen - Nur 6%: Viel zu wenige Meldungen in Österreich | krone.at

359 Deutsche ignorieren den Beipackzettel | PZ – Pharmazeutische Zeitung (pharmazeutische-zeitung.de)

Wir werden die Auswirkungen der Impfpolitik auf den Arbeitsmarkt und auf die Gesundheit der Menschen weiter genau beobachten, denn es ist mehr als wahrscheinlich und denkbar, dass Impfschäden ein wichtiger Grund für die Lücken am Arbeitsmarkt sind. Hier finden Sie eine Übersicht zu schweren „vermuteten" Nebenwirkungen der COVID-19-Impfstoffe in der EU (leichte Nebenwirkungen wurden nicht einbezogen), Stand 27. August 2022:[360]

EMA - Datenbank „vermutete" Nebenwirkungen und Todesfälle in zeitlicher Nähe zur COVID-19 Impfung

Datenstand: 2022-08-27

	BioNTech	AstraZeneca	Moderna	Janssen	Novavax	total
Todesfälle	12.878	5.639	6.264	1.437	0	26.218
Lebensbedrohlich	17.591	9.695	7.331	1.801	10	36.428
Krankenhausaufenthalt	84.543	33.916	35.501	6.468	96	160.524
Behindernd	35.882	27.168	12.118	2.133	21	77.322
Geburtsfehler	294	140	131	5	0	570
Schwerwiegend	319.954	139.785	105.231	18.595	506	584.071
Ernste Nebenwirkungen	431.490	245.737	121.309	27.720	269	826.525
Alle Fälle mit Nebenwirkungen	1.096.290	514.194	324.442	66.503	1.283	2.002.712

GERALDHAUSER Quelle: www.blautopf.net/index.php/politik/politik-corona/item/329-ema-datenbank-ausfuehrliche-tabellen

Quelle: 12896/J (XXVII GP) - Post-Vacc-Flugchaos | Parlament Österreich

Nebenwirkungen nach der COVID-19 Impfung bei US-Militär-Angehörigen

Der „Wochenblick" berichtete: „Schockierende Fakten über Nebenwirkungen nach Covid-19-Genbehandlungen bei US-Militärangehörigen wurden in einem Experten-Panel von Senator Ron Johnson (Republikaner) erstmals offen ausgesprochen."[361] Im Rahmen dieser Sitzung offenbarte US-

360 EMA-Datenbank – ausführliche Tabellen (blautopf.net)

361 Dramatischer Anstieg von Krankheiten: Verheimlicht US-Militär Impf-Nebenwirkungen? - Wochenblick.at

Anwalt Thomas Renz Daten, die einen enormen Anstieg von Fehlgeburten, Krebs und vielen anderen Erkrankungen nach der COVID-19-Impfung beim US-Militär dokumentieren. Diese Daten stammen von drei US-amerikanischen Militärärzten, die durch den Anwalt Thomas Renz vertreten werden. Senator Ron Johnson ist ranghöchstes Mitglied des Permanent Subcommittee on Investigations (Ständiger Unterausschuss für Ermittlungen). Er hat am 1. Februar 2022 den US-Verteidigungsminister Lloyd J. Austin III über die schockierenden Folgen der COVID-Impfung beim US-Militär informiert.[362]

Im Jahr 2021 gab es demnach, verglichen mit dem Fünfjahresdurchschnitt (2016 bis 2020), bei den Krebsdiagnosen einen Anstieg von 38.700 pro Jahr auf insgesamt 114.645, das bedeutete eine Verdreifachung. Bei den neurologischen Erkrankungen gab es eine Zunahme gegenüber dem Fünfjahresdurchschnitt (2016 bis 2020) von 82.000 pro Jahr auf 863.000 in den ersten elf Monaten des Jahres 2021. Das sind mehr als zehnmal so viele Erkrankungen als vorher.

Bei einigen Krebsarten kam es zu besonders hohen Anstiegen: Bei bösartigen Tumoren der Speiseröhre (894 Prozent), bei bösartigen Tumoren des Verdauungstraktes (624 Prozent), bei Brustkrebs (487 Prozent), bei Schilddrüsen-Krebs (474 Prozent) und bei Hoden-Krebs (369 Prozent).

Multiple Sklerose trat um dramatische 680 Prozent und das an sich seltene Guillain-Barré-Syndrom (eine plötzlich auftretende Lähmung) um 551 Prozent häufiger auf. Auch bei anderen Erkrankungen gab es dramatische Anstiege. Bei Bluthochdruck zeigte sich ein unfassbarer Anstieg um 2.181 Prozent. Bei weiblicher Unfruchtbarkeit kam es zu ei-

---

362 Sen. Johnson to Secretary Austin: Has DOD Seen an Increase in Medical Diagnoses... (senate.gov)

ner Zunahme von 472 Prozent. Lungenembolien traten zu 468 Prozent häufiger auf und Fehlgeburten zu 279 Prozent. Auch Herzerkrankungen traten verstärkt auf. Tachykardien (erhöhte Herzfrequenz) waren um 302 Prozent häufiger und Herzinfarkte um 269 Prozent. Angeborene Missbildungen bei Kindern des Militärpersonals stiegen im Jahr 2021 um 156 Prozent an.[363]

Krankenkassen registrieren massive Nebenwirkungen der COVID-19 Impfstoffe

In Deutschland wandte sich der damalige Vorstand der Krankenkasse BKK ProVita, Andreas Schöfbeck, am 21. Februar 2022 mit einem warnenden und mehr als aufrüttelnden Schreiben zu den Nebenwirkungen an das Paul Ehrlich Institut, die ständige Impfkommission (Stiko) und die deutsche Bundesärztekammer.[364] Er wies in seinem Schreiben darauf hin, dass in Deutschland – hochgerechnet auf die Bevölkerung für das Jahr 2021 – vermutlich zweieinhalb bis drei Millionen Menschen wegen Impfnebenwirkungen nach der Corona-Spritze in ärztlicher Behandlung gewesen sind. Auf Österreich heruntergebrochen sind das 250.000 bis 300.000 Personen, die wegen Impfnebenwirkungen nach der Corona-Impfung in ärztlicher Behandlung waren und damit dem Arbeitsmarkt fehlen! BKK ProVita-Vorstand Andreas Schöfbeck wurde daraufhin entlassen. Neben dem Enthüllungsjournalisten Boris Reitschuster hatte auch der deutsche „Nordkurier" über die Vorgänge im Zusammenhang mit dem Schreiben von Schöfbeck an das PEI, die Stiko und die deutsche Bundesärztekammer berichtet.[365]

---

363 Erschreckender Anstieg von Erkrankungen bei den US-Streitkräften im Jahr 2021 - Wochenblick.at

364 brief PEI_bin-237107021.pdf (welt.de)

365 BKK schlägt Alarm: Impf-Nebenwirkungen total unterschätzt | Nordkurier.de

BKK
ProVita

Die Kasse fürs Leben.

BKK ProVita · 85217 Bergkirchen

Paul-Ehrlich-Institut
Prof. Dr. Klaus Cichutek
Paul-Ehrlich-Str. 51 - 59
63225 Langen

Es betreut Sie:
Andreas Schöfbeck
Münchner Weg 5
85232 Bergkirchen
T 08131/6133-1000
F 08131/6133-91000
Andreas.Schoefbeck@bkk-provita.de

21.02.2022

Heftiges Warnsignal bei codierten Impfnebenwirkungen nach Corona Impfung

Sehr geehrter Herr Prof. Dr. Cichutek,

das Paul Ehrlich Institut hat mittels Pressemitteilung bekannt gegeben, dass für das Kalenderjahr 2021 244.576 Verdachtsfälle für Impfnebenwirkungen nach Corona Impfung gemeldet wurden.

Die unserem Haus vorliegenden Daten geben uns Grund zu der Annahme, dass es eine sehr erhebliche Untererfassung von Verdachtsfällen für Impfnebenwirkungen nach Corona Impfung gibt. Dazu füge ich meinem Schreiben eine Auswertung bei.

Datengrundlage für unsere Auswertung sind die Abrechnungsdaten der Ärzte. Unsere Stichprobe erfolgt aus dem anonymisierten Datenbestand der Betriebskrankenkassen. Die Stichprobe umfasst 10.937.716 Versicherte. Uns liegen bisher die Abrechnungsdaten der Ärzte für das erste Halbjahr 2021 und circa zur Hälfte für das dritte Quartal 2021 vor. Unsere Abfrage beinhaltet die gültigen ICD-Codes für Impfnebenwirkungen. Diese Auswertung hat ergeben, obwohl uns noch nicht die kompletten Daten für 2021 vorliegen, dass wir anhand der vorliegenden Zahlen jetzt schon von 216.695 behandelten Fällen von Impfnebenwirkungen nach Corona Impfung aus dieser Stichprobe ausgehen. Wenn diese Zahlen auf das Gesamtjahr und auf die Bevölkerung in Deutschland hochgerechnet werden, sind vermutlich 2,5-3 Millionen Menschen in Deutschland wegen Impfnebenwirkungen nach Corona Impfung in ärztlicher Behandlung gewesen.

Das sehen wir als erhebliches Alarmsignal an, das unbedingt beim weiteren Einsatz der Impfstoffe berücksichtigt werden muss. Die Zahlen können in unseren Augen relativ leicht und auch kurzfristig validiert werden, indem die anderen Kassenarten (AOKen, Ersatzkrankenkassen etc.) um eine entsprechende Auswertung der ihnen vorliegenden Daten gebeten werden. Hochgerechnet auf die Anzahl der geimpften Menschen in Deutschland bedeutet dies, dass circa 4-5 % der geimpften Menschen wegen Impfnebenwirkungen in ärztlicher Behandlung waren.

In unseren Augen liegt eine erhebliche Untererfassung der Impfnebenwirkungen vor. Es ist ein wichtiges Anliegen die Ursachen hierfür kurzfristig auszumachen. Unsere erste Vermutung ist, dass, da keine Vergütung für die Meldung von Impfnebenwirkungen bezahlt wird, eine Meldung an das Paul Ehrlich Institut wegen des großen Aufwandes vielfach unterbleibt. Ärzte haben uns berichtet, dass die Meldung eines Impfschadenverdachtsfalls circa eine halbe Stunde Zeit in Anspruch nimmt. Das bedeutet, dass 3 Millionen Verdachtsfälle auf Impfnebenwirkungen circa 1,5 Millionen Arbeitsstunden von Ärztinnen und Ärzten erfordern. Das wäre nahezu die jährliche Arbeitsleistung von 1000 Ärztinnen und Ärzten. Dies sollte ebenso kurzfristig geklärt werden. Deshalb ergeht eine Durchschrift dieses Schreibens auch an die Bundesärztekammer und die Kassenärztliche Bundesvereinigung.

Der GKV-Spitzenverband erhält ebenso eine Abschrift dieses Schreibens mit der Bitte entsprechende Datenanalysen bei sämtlichen Krankenkassen einzuholen.

Da Gefahr für das Leben von Menschen nicht ausgeschlossen werden kann, bitten wir Sie um eine Rückäußerung über die veranlassten Maßnahmen bis 22.2.2022 18:00 Uhr.

Mit freundlichen Grüßen

Andreas Schöfbeck
Vorstand

Das Schreiben ergeht durchschriftlich ebenso an:
GKV-Spitzenverband
Bundesärztekammer
Kassenärztliche Bundesvereinigung
Ständige Impfkommission
BKK Dachverband

Schreiben von Andreas Schöfbeck/BKK ProVita am 21. Februar 2022

reitschuster.de

Kein Kl

Kritischer Journalismus. Ohne "Haltung". Ohne Belehrung. Ohne Ideologie.

Gesundheit, Impfung # Gesundheit, Impfung, Kinder, Krankenkassen, Medizin, PEI

"Erhebliches Alarmsignal" - Krankenversicherer schickt Brandbrief an PEI

Vermutlich 2,5 bis 3 Millionen Menschen in Deutschland wegen Impfnebenwirkungen in Behandlung

Quelle: "Erhebliches Alarmsignal" – Krankenversicherer schickt Brandbrief an PEI - reitschuster.de

In meinen parlamentarischen Reden habe ich mehrmals auf die erschreckend hohe Zahl von Krankenbehandlungen bei Impfnebenwirkungen in Deutschland hingewiesen, siehe meine Parlamentstafel dazu:

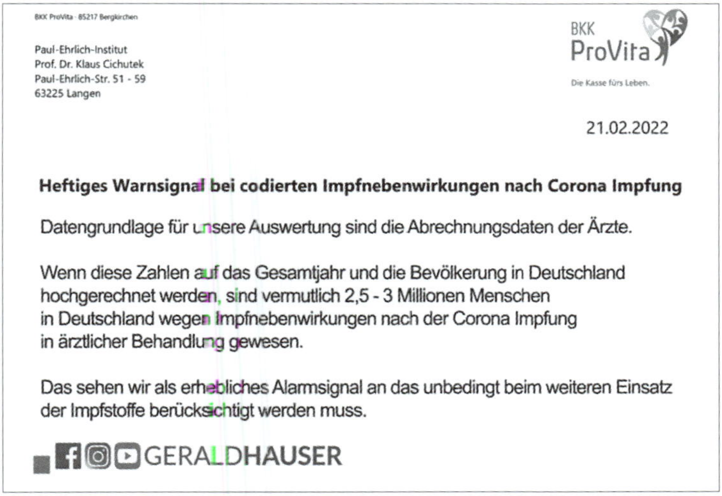

BKK ProVita · 85217 Bergkirchen

Paul-Ehrlich-Institut
Prof. Dr. Klaus Cichutek
Paul-Ehrlich-Str. 51 - 59
63225 Langen

BKK ProVita
Die Kasse fürs Leben.

21.02.2022

Heftiges Warnsignal bei codierten Impfnebenwirkungen nach Corona Impfung

Datengrundlage für unsere Auswertung sind die Abrechnungsdaten der Ärzte.

Wenn diese Zahlen auf das Gesamtjahr und die Bevölkerung in Deutschland hochgerechnet werden, sind vermutlich 2,5 - 3 Millionen Menschen in Deutschland wegen Impfnebenwirkungen nach der Corona Impfung in ärztlicher Behandlung gewesen.

Das sehen wir als erhebliches Alarmsignal an das unbedingt beim weiteren Einsatz der Impfstoffe berücksichtigt werden muss.

GERALDHAUSER

Meldungen zu Nebenwirkungen entsprechen nicht der Realität

Wie die Studie „ImpfSurv“ der Charité Berlin zeigt, könnten schwere Impf-Nebenwirkungen nach der COVID-19 Impfung bis zu 40 Mal häufiger aufgetreten sein, als vom Paul-Ehrlich-Institut offiziell kommuniziert wurde.[366] Die Beschwerden reichten von Herzmuskelentzündungen über Reaktionen des Immunsystems bis hin zu neurologischen Störungen. Schwere Nebenwirkungen, also über Wochen oder Monate anhaltende Beschwerden, hätten acht von 1.000 Patienten, wie die Ergebnisse der Charité-Studie offenbaren.

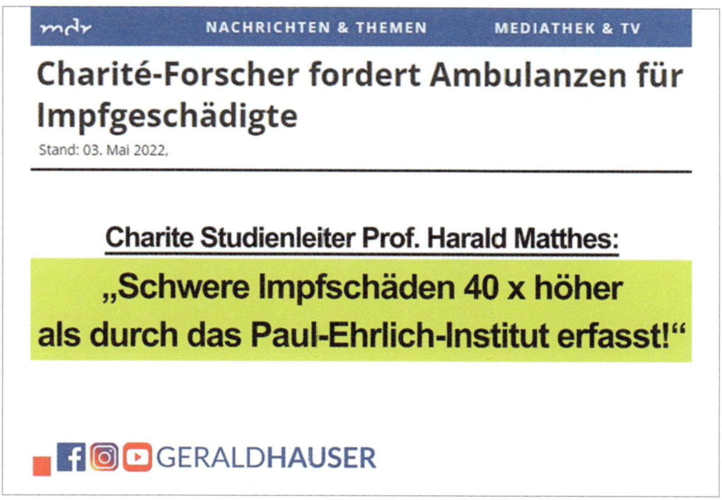

Laut Seite zwei des Sicherheitsbericht des Paul-Ehrlich-Institut wurden in Deutschland vom 27. Dezember 2020 bis zum 30. Juni 2022 insgesamt 182.717.880 Impfungen zum Schutz vor COVID-19 durchgeführt. In diesem Zeitraum erhielt das

366 Schock-Studie: Halbe Millionen mit schweren Impf-Nebenwirkungen (oe24.at)

Paul-Ehrlich-Institut 323.684 Meldungen über Verdachtsfälle von Nebenwirkungen.[367] Die Melderate von Nebenwirkungen allgemein betrug laut PEI für alle Impfstoffe zusammen 1,8 Meldungen pro 1.000 Impfdosen. In Bezug auf schwerwiegende Nebenwirkungen gab das PEI 0,3 Meldungen pro 1.000 Impfdosen an. Professor Harald Matthes hat in seiner Studie jedoch acht Meldungen von schweren Nebenwirkungen pro 1.000 Personen ermittelt. Die Häufigkeit von schweren Nebenwirkungen nach der Verabreichung von COVID-Impfstoffen ist in Realität also wesentlich höher als bisher gemeldet.

Untererfassung schwerer Nebenwirkungen bei 70 Prozent

Zur Untererfassung von Meldungen der schweren Nebenwirkungen der Corona-Impfstoffe berichtete der Enthüllungsjournalist Boris Reitschuster am 1. April 2022. Er schrieb über die Studie von Professor Harald Matthes: „… Matthes geht nun auf Basis seiner Studie davon aus, dass die „Untererfassung“ mindestens 70 Prozent beträgt“.[368] Der Forscher bekam übrigens ähnliche Schwierigkeiten wie der Vorstand der Krankenkasse BKK ProVita. Die Charité untersagt die Verbreitung weiterer Studienergebnisse zu den schwerwiegenden Nebenwirkungen der COVID-Impfstoffe in ihrem Namen.[369]

Harald Matthes geht also von einer Untererfassung der schweren Nebenwirkungen der COVID-19-Impfstoffe von mindestens 70 Prozent aus, und in Deutschland werden sowieso nur etwa ein Prozent der unerwünschten Nebenwirkungen von Arzneimitteln erfasst.[370] Wie viele schwere Gesundheitspro-

---

367 Betreff (pei.de)

368 Laut Charité-Forscher 70 Prozent der Impfnebenwirkungen nicht erfasst - reitschuster.de

369 Charité distanziert sich von Untersuchung zu Impf-Nebenwirkungen - reitschuster.de

370 Deutsche ignorieren den Beipackzettel | PZ – Pharmazeutische Zeitung (pharmazeutische-zeitung.de)

bleme werden also von Ärzten tatsächlich als Nebenwirkung der COVID-19-Impfstoffe erkannt? Wie hoch ist die Dunkelziffer der schweren gesundheitlichen Folgen nach der Verabreichung der COVID-19-Vakzine? Die Häufigkeit der schweren Nebenwirkungen nach der Corona-Impfung wird in Österreich wohl ähnlich hoch sein wie in Deutschland. Eine nicht mehr überschaubare Anzahl von Arbeitnehmern dürfte daher von den Nebenwirkungen der COVID-19 Impfstoffe betroffen sein.

Wenn wir berücksichtigen, dass eine Vielzahl von Personen aufgrund von schweren Nebenwirkungen, die durch die COVID-19-Impfstoffe verursacht werden, ihrer beruflichen Beschäftigung nicht mehr nachgehen kann. Wenn wir einkalkulieren, dass viele infolge zahlreicher Krankenstände und aufgrund der Lockdown-Folgen ausfallen. Und wenn wir dann noch die Arbeitnehmer hinzuzählen, die sich weigern, die vom Arbeitgeber vorgeschriebene COVID-19-Impfung über sich ergehen zu lassen, wird deutlich, warum es einen Arbeitskräftemangel in Österreich gibt.

17. Behauptung: Masken verhindern sicher Infektionen

Seit Jahren behaupten Politiker, Medien und diverse Experten, dass Masken Ansteckungen mit dem SARS-CoV-2-Virus effektiv verhindern.[371] Und FFP2-Masken sollen angeblich besonders gut gegen Infektionen schützen.[372,373] Deshalb wurden in Österreich und Deutschland auch gesetzlich strikt definierte Masken- und sogar FFP 2-Maskenpflichten eingeführt.[374,375] Diese apodiktischen und generalisierenden Behauptungen sind nicht haltbar. Und wir sehen seit fast drei Jahren, dass trotz des exzessiven Einsatzes von Masken die Pandemie nie gestoppt wurde.

Dazu braucht man nur die aktuelle Leitlinie der WHO „Mask use in the context of COVID-19" zum Gebrauch von Masken bei der COVID-19-Pandemie lesen.[376] Unter den „Key Points" (Schlüsselpunkte) erklärt die WHO, dass eine Maske allein, ohne andere Maßnahmen (Hygiene, Händewaschen, Abstand halten, etc.), „keinen adäquaten Schutz" bietet. Dem ist nichts hinzuzufügen.

---

371 *https://www.zusammengegencorona.de/leichtesprache/das-tragen-von-masken-hilft-uns-allen/*

372 *https://kurier.at/wissen/gesundheit/erforscht-so-gut-schuetzt-die-ffp2-maske-vor-ansteckung/401829601*

373 *https://www.kleinezeitung.at/lebensart/gesundheit/6070307/Studie-zu-FFP2Masken_Sehr-hoher-Schutz-gegen-Coronainfektionen*

374 *https://www.bundesregierung.de/breg-de/suche/regelung-zu-masken-1842704*

375 *https://www.stadt-wien.at/wien/news/ffp2-maske.html*

376 *https://apps.who.int/iris/bitstream/handle/10665/337199/WHO-2019-nCov-IPC_Masks-2020.5-eng.pdf?sequence=1&isAllowed=y*

Selbst in medizinischen Bereichen von WHO zumeist nur OP-Masken empfohlen

Die WHO unterscheidet in ihren Leitlinien zwischen Masken im medizinischen Bereich und Masken im nicht-medizinischen Bereich. Selbst im medizinischen Bereich werden „respirators" (FFP 2-Masken, FFP 3-Masken, N95 und N99) von der WHO nur bei „aerosol generating procedures" empfohlen. Das sind ganz spezielle medizinische Techniken, bei denen Aerosole produziert werden, unter anderem Beatmung über Schläuche oder Absaugen der Atemwege. Ansonsten werden in allen anderen medizinischen Bereichen nur normale OP-Masken empfohlen. Und zum gesamten nicht-medizinischen Bereich erklärt die WHO, es gebe nur begrenzte und widersprüchliche Daten dazu, ob Masken Infektionen verhindern können. Das sagt die WHO, kein „Schwurbler" oder „Covidiot"! Da es Hinweise gibt, dass Masken einen gewissen Schutz bieten könnten, empfiehlt die WHO für den gesamten nicht-medizinischen Bereich Stoffmasken und einfache OP-Masken.

Schutzeffekt von Masken nicht geklärt

Dieser Empfehlung schließt sich in weiten Bereichen auch der deutsche Sachverständigenausschuss (externe Evaluation nach § 5 Abs. 9 IFSG) an.[377] Auch die Deutschen Experten (unter anderem die Virologen Christian Drosten, Klaus Stöhr und Hendrik Streeck) erklären, dass „neben der allgemeinen und im Labor bestätigten Wirksamkeit von Masken nicht abschließend geklärt ist, wie groß der Schutzeffekt von Masken in der täglichen Praxis ist, denn randomisierte, klinische Studien zur Wirksamkeit von Masken fehlen."

---

377 https://www.bundesgesundheitsministerium.de/fileadmin/Dateien/3_Downloads/S/Sachverstaendigenausschuss/220630_Evaluationsbericht_IFSG_NEU.pdf

Transmission scenario	Situations/settings (where)	Target Population (who)	Purpose of mask use (why)	Mask type (which one)
Known or suspected community or cluster transmission of SARS-CoV-2	Indoor settings, where ventilation is known to be poor or cannot be assessed or the ventilation system is not properly maintained, regardless of whether physical distancing of at least 1 meter can be maintained	General population in public* settings such as shops, shared workplaces, schools, churches, restaurants, gyms, etc. or in enclosed settings such as public transportation. For households, in indoor settings, when there is a visitor who is not a member of the household	Potential benefit for source control	Fabric mask
	Indoor settings that have adequate [4] ventilation if physical distancing of at least 1 metre cannot be maintained			
	Outdoor settings where physical distancing cannot be maintained	General population in settings such as crowded open-air markets, lining up outside a building, during demonstrations, etc.		
	Settings where physical distancing cannot be maintained, and the individual is at increased risk of infection and/or negative outcomes	Individuals/people with higher risk of severe complications from COVID-19: • People aged ≥60 years • People with underlying comorbidities, such as cardiovascular disease or diabetes mellitus, chronic lung disease, cancer, cerebrovascular disease, immunosuppression, obesity, asthma	Protection	Medical mask
Known or suspected sporadic transmission, or no documented SARS-CoV-2 transmission	Risk-based approach	General population	Potential benefit for source control and/or protection	Depends on purpose (see details in the guidance content)
Any transmission scenario	Any setting in the community	Anyone suspected or confirmed of having COVID-19, regardless of whether they have symptoms or not, or anyone awaiting viral test results, when in the presence of others	Source control	Medical mask

WHO-Leitlinie: Masken im nicht-medizinischen Bereich

Bisherige Studien deuten auf einen zusätzlichen Nutzen von FFP2-Masken hin, sofern sie ordnungsgemäß getragen und mit anderen Maßnahmen kombiniert werden. Der Sachverständigenausschuss kommt aber zu einer klaren Aussage, die sich mit der WHO-Empfehlung deckt: „Eine generelle Empfehlung zum Tragen von FFP2-Masken ist aus den bisherigen Daten nicht ableitbar. In Risikosettings, wie medizinischen oder pflegerischen Bereichen, sollte aus hygienischer Sicht zum Fremd- und Selbstschutz aber die FFP2-Maske präferiert werden."

Politik setzt trotz fehlender Evidenz massiv auf Masken

Wie schwach die Daten für den Gebrauch von Masken sind, bewies der deutsche Gesundheitsminister Prof. Karl Lauterbach am 31. Juli 2022. Euphorisch schrieb er, dass eine amerikanische Mega-Studie, die über 1.700 Studien ausgewertet habe, gezeigt habe, dass „der Nutzen der Masken sehr groß und unumstritten“ sei.[378]

Das klingt für den unbedarften Leser im ersten Augenblick überzeugend. Dr. Martin Sprenger, seit 2010 Leiter des Universitätslehrganges Public Health der Medizinischen Universität Graz, ein ausgewiesener Experte in Gesundheitsforschung, brauchte aber genau einen Tag, um den Beitrag von Karl Lauterbach in das richtige Licht zu stellen. Denn von den 1.732 Studien wurden nur 74 (4,2 Prozent) eingeschlossen. Anhand dieser 74 Studien konnten sage und schreibe 243 (!) mit SARS-CoV-2 infizierte Personen analysiert werden. Davon hatten 97 eine Maske getragen, 146 nicht. Und von diesen 243 Infizierten leitete Karl Lauterbach allen Ernstes einen Nutzen für das Tragen von Masken für die gesamte Bevölkerung her.

Dr. Martin Sprenger meinte dazu lapidar und richtigerweise: „Wenn das nach 2,5 Jahren Pandemie die Evidenz ist, auf die ein deutscher Gesundheitsminister seine Entscheidungen begründet, dann gute Nacht!“ Eine öffentliche Total-Demontage der wissenschaftlichen Reputation des deutschen Gesundheitsministers, der übrigens – quasi als Beweis für die fehlende Nachvollziehbarkeit seiner These – vierfach geimpft und trotz des Tragens von Masken an COVID-19 erkrankte.[379]

---

378 https: //www.facebook.com/GrazPublicHealth

379 https://www.tz.de/politik/karl-lauterbach-gesundheitsminister-corona-virus-infektion-pandemie-omikron-zr-91707536.html

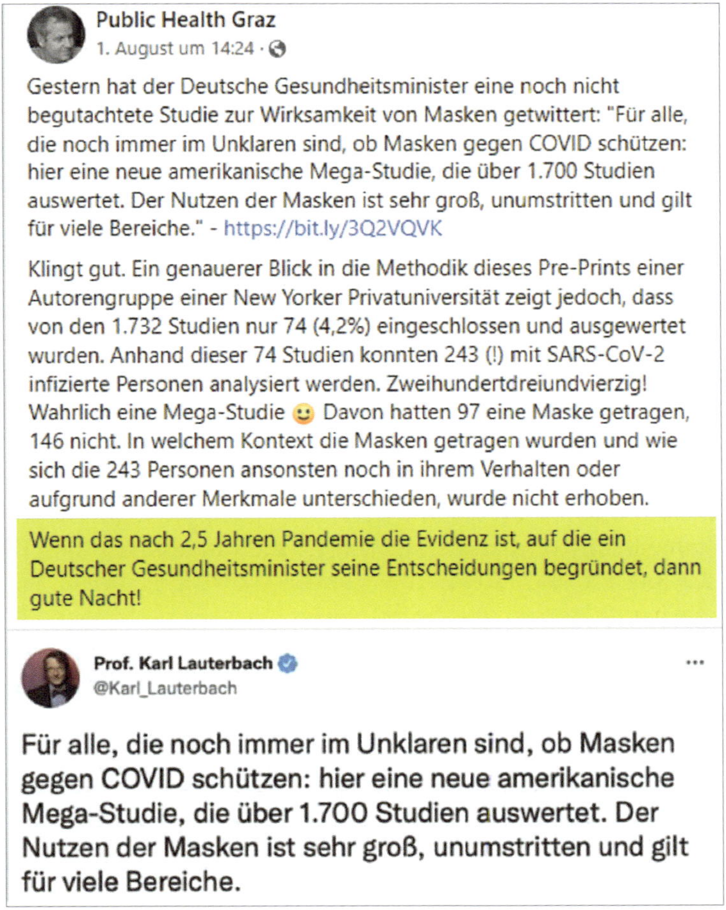
Public Health Graz
1. August um 14:24 ·

Gestern hat der Deutsche Gesundheitsminister eine noch nicht begutachtete Studie zur Wirksamkeit von Masken getwittert: "Für alle, die noch immer im Unklaren sind, ob Masken gegen COVID schützen: hier eine neue amerikanische Mega-Studie, die über 1.700 Studien auswertet. Der Nutzen der Masken ist sehr groß, unumstritten und gilt für viele Bereiche." - https://bit.ly/3Q2VQVK

Klingt gut. Ein genauerer Blick in die Methodik dieses Pre-Prints einer Autorengruppe einer New Yorker Privatuniversität zeigt jedoch, dass von den 1.732 Studien nur 74 (4,2%) eingeschlossen und ausgewertet wurden. Anhand dieser 74 Studien konnten 243 (!) mit SARS-CoV-2 infizierte Personen analysiert werden. Zweihundertdreiundvierzig! Wahrlich eine Mega-Studie 🙂 Davon hatten 97 eine Maske getragen, 146 nicht. In welchem Kontext die Masken getragen wurden und wie sich die 243 Personen ansonsten noch in ihrem Verhalten oder aufgrund anderer Merkmale unterschieden, wurde nicht erhoben.

Wenn das nach 2,5 Jahren Pandemie die Evidenz ist, auf die ein Deutscher Gesundheitsminister seine Entscheidungen begründet, dann gute Nacht!

Prof. Karl Lauterbach
@Karl_Lauterbach

Für alle, die noch immer im Unklaren sind, ob Masken gegen COVID schützen: hier eine neue amerikanische Mega-Studie, die über 1.700 Studien auswertet. Der Nutzen der Masken ist sehr groß, unumstritten und gilt für viele Bereiche.

Screenshot der Facebook-Seite Public Health Graz, vom 1. August 2022

Schäden durch Maskentragen

Die WHO weist in ihren Leitlinien deutlich auf potenzielle Schäden durch die Verwendung von Masken hin. Diese umfassen unter anderem Kopfschmerzen, Atemprobleme bis hin zu Atemwegserkrankungen und Hauterkrankungen.[380] Sie definiert auch weitere Problembereiche, die in der öffentlichen Diskussion völlig vernachlässigt werden, nämlich das Problem der richtigen Entsorgung und die Umweltschäden durch die Müllberge von Masken.

Ein ganz besonders wichtiger Punkt ist, dass laut WHO durch das Tragen von Masken ein falsches Gefühl von Sicherheit vermittelt wird. Politiker, Experten und Massenmedien verbreiten seit fast drei Jahren die Erzählung, dass Masken angeblich „super schützen", was dazu führt, dass gefährdete Menschen unvorsichtig werden und sich auf Masken verlassen.[381] Besondere Nachteile und Nebenwirkungen treffen laut WHO beispielsweise Kinder, Behinderte, Menschen mit Atemwegserkrankungen sowie Menschen in einer heißen Umgebung. Die Nebenwirkungen von Masken sind klinisch relevant, bis hin zum „maskeninduzierten Erschöpfungssyndrom".[382]

Mikroplastik in den Atemwegen

Außerdem lösen sich Mikrofasern aus den Corona-Masken und werden in der Lunge abgelagert. Diese Risiken werden von Regierungspolitikern und Mainstream-Medien ignoriert. Mikroplastik ist ein großes Thema, aber im Fall der Masken-

---

380 https://apps.who.int/iris/bitstream/handle/10665/337199/WHO-2019-nCov-IPC_Masks-2020.5-eng.pdf?sequence=1&isAllowed=y

381 https://apps.who.int/iris/bitstream/handle/10665/337199/WHO-2019-nCov-IPC_Masks-2020.5-eng.pdf?sequence=1&isAllowed=y

382 https://www.mdpi.com/1660-4601/18/8/4344/htm

pflicht wird darüber gar nicht geredet.[383] Diese flächendeckende jahrelange Verwendung von Masken ist jedenfalls ein Experiment mit noch unklarem gesundheitlichen Ausgang. Auch die Sauerstoffversorgung ist unter Masken natürlich ein Problem. Dort steigt die Kohlendioxid-Konzentration schon nach kurzer Zeit weit über den Grenzwert, der vom Umweltbundesamt in Deutschland festgelegt ist. Deshalb darf eine FFP2-Maske nach den Vorgaben des Arbeitsschutzes nur maximal 75 Minuten getragen und muss danach mindestens 30 Minuten abgenommen werden. Diese Vorschrift wird beispielsweise für Schulkinder seit Jahren schlichtweg außer Kraft gesetzt.[384]

Und zu guter Letzt noch ein völlig unterschätzter Punkt: In einer kürzlich in „Nature" veröffentlichten Studie wurden die Masken von Freiwilligen hygienisch untersucht. Die Ergebnisse waren erschreckend: Neben etlichen harmlosen Keimen wurden auch krankheitserregende Bakterien und Pilze auf den Masken gezüchtet.[385]

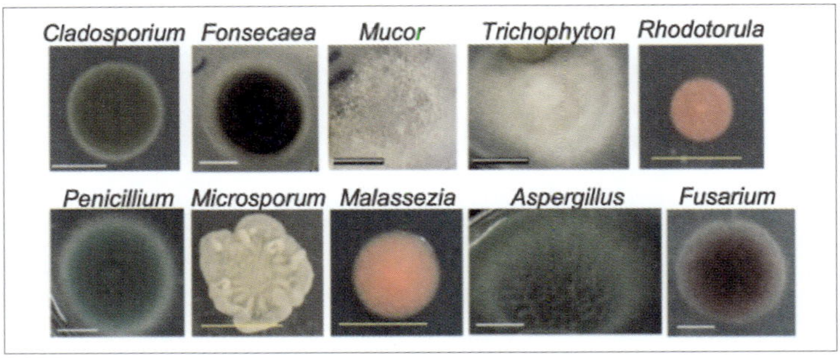

Gezüchtete Pilz-Kulturen aus Masken

---

383 https://www.fr.de/politik/corona-maske-ffp2-mikroplastik-muell-meer-gesundheit-90190572.html

384 https://www.bz-berlin.de/meinung/kolumne/kolumne-mein-aerger/wie-gefaehrlich-ist-der-mundschutz-fuer-die-atemwege

385 https://www.nature.com/articles/s41598-022-15409-x

Damit sind Masken eine potentielle Infektionsquelle bei immungeschwächten Personen, bei Patienten mit Atemwegserkrankungen sowie bei längerem und wiederholtem Gebrauch.

18. Behauptung: Wir haben das beste Gesundheitssystem

Lange Zeit wurde von der Politik und den Mainstream-Medien mit stolzgeschwellter Brust behauptet, wir hätten das beste Gesundheitssystem – sowohl in Deutschland als auch in Österreich (und der Schweiz). In zahlreichen Artikeln wurden diese Gesundheitssysteme als die besten in Europa oder sogar weltweit gepriesen.[386,387,388,389,390] „Deutschland hat das beste Gesundheitssystem der Welt", erklärte Professor Dr. Frank Ulrich Montgomery, Präsident des Weltärzteverbandes, noch 2019.[391] Und nahezu reflexartig wurde seitens der Politik mit dem Brustton der Überzeugung jahrelang ergänzt, dass wir keine „Zweiklassen-Medizin" hätten. Die oberösterreichische Landeshauptmann-Stellvertreterin, Christine Haberlander, erklärte beispielsweise in einem Interview, dass es in Österreich keine Zweiklassenmedizin gebe.[392] Und der frühere deutsche Gesundheitsminister Jens Spahn meinte, dass sich „natürlich manche ein Einzelzimmer leisten". Entscheidend

---

386 *https://www.patientenanwalt.com/download/Expertenletter/Gesundheitswesen/upatzent0712_Dr_Ernest_Pichlbauer.pdf*

387 *https://www.praktischarzt.de/magazin/beste-gesundheitssysteme-weltweit/*

388 *https://www.wienerzeitung.at/nachrichten/politik/oesterreich/94543_Oesterreich-an-der-Spitze-in-Europa.html*

389 *https://oe1.orf.at/artikel/219140/09-Europas-bestes-Gesundheitssystem*

390 *https://www.oegb.at/themen/gesundheit-und-pflege/gesundheitssystem/oesterreichs-gesundheitssystem-weltweit-im-spitzenfeld*

391 *https://www.zm-online.de/news/politik/deutschland-hat-das-beste-gesundheitssystem-der-welt2019*

392 *https://www.meinbezirk.at/oberoesterreich/c-politik/oesterreich-hat-keine-zweiklassenmedizin_a3520905*

sei aber, dass niemand eine Behandlung „zweiter Klasse“ bekomme.[393]

Beide Behauptungen sind mittlerweile völlig überholt. Ich hätte mir vor einigen Jahren nicht vorstellen können, wie katastrophal die Zustände mittlerweile sind.

Attraktivität von Privatpraxen steigt

Die niedergelassenen Kassenärzte und öffentlichen Krankenhäuser sind zumeist massiv überlaufen. Schon seit längerem gibt es in Österreich mehr niedergelassene Wahlärzte als Kassenärzte.[394] Während die Zahl der Wahlärzte weiter zunimmt, können viele Kassenstellen nicht mehr besetzt werden. Und auch in Deutschland nimmt die Attraktivität der Privatpraxen zu.[395] Man könnte fast den Eindruck haben, dass COVID-19 anfangs eine willkommene Gelegenheit für die Politik war, von den Mängeln abzulenken und alle Unzulänglichkeiten auf die COVID-19-Pandemie zu schieben. Doch COVID-19 deckt im Grunde nicht nur die Probleme im Gesundheitswesen schonungslos auf. Durch die katastrophale Corona-Politik der Regierungen hat sich die Situation sogar noch weiter verschlimmert.

Wir haben keine Zweiklassen-Medizin – wir haben längst eine Drei- oder Vierklassen-Medizin.[396] Welche medizinische Leistung von welcher Versicherung übernommen wird, hängt vom Versicherungsstatus ab. Mit einer Privatversicherung kann man sich „standardmäßig“ von Kassenärzten und

---

393 *https://www.wiwo.de/politik/deutschland/neuer-gesundheitsminister-spahn-es-gibt-keine-zwei-klassen-medizin/21084516.html*

394 *https://www.sn.at/panorama/oesterreich/zahl-der-kassenaerzte-stagniert-jene-der-wahlaerzte-steigt-102359869*

395 *https://www.aerztezeitung.de/Wirtschaft/Erfolgreicher-Einstieg-in-die-Privatpraxis-228895.html*

396 *https://kontrast.at/gesundheitssystem-in-oesterreich/*

öffentlichen Krankenhäusern behandeln lassen oder aber zusätzlich – je nach Versicherung – von Privat- oder Wahlärzten in Privatkliniken und Privatsanatorien. Dort kann man sich natürlich wesentlich mehr Zeit nehmen, um Patienten zu beraten und zu behandeln. Der Hauptvorteil der Privatpatienten ist, dass sie sich ihren behandelnden Arzt selbst aussuchen können. Außerdem gibt es noch eine „VIP-Klasse" im Gesundheitssystem. Das sind die Patienten, die Kontakte und Freundschaften mit Ärzten haben. Wenn man einen Arzt kennt, ist es leichter, an Termine zu kommen. Außerdem wird man als Patient schnell an die richtigen Stellen im Gesundheitssystem verwiesen. Das wirkt sich positiv auf das Behandlungsergebnis aus. Daneben gibt es auch noch regionale Unterschiede, weil die Ärztedichte im ländlichen Bereich viel geringer ist.

Gesundheitssysteme haben keine Reserven

Bereits vor COVID-19 wurden in ganz Europa in den vergangenen Jahren und Jahrzehnten die Gesundheitssysteme heruntergefahren.[397,398] Die Zahl der Krankenhäuser und der Krankenhausbetten, insbesondere der Intensivbetten, wurde reduziert. Dazu kommen noch ein chronischer Ärztemangel und ein ausgeprägter Pflegenotstand.[399,400,401,402] Das alles führte dazu, dass unsere Gesundheitssysteme generell keine Reserven haben. Außerordentliche Katastrophen, wie eben

---

397 https://www.kleinezeitung.at/politik/aussenpolitik/5791821/Intensivpflegerin_Die-deutschen-Krankenhaeuser-wurden-kaputt-gespart

398 https://www.derstandard.at/story/2000116189151/das-mantra-vom-sparen-im-gesundheitssystem-muss-grundsaetzlich-ueberdacht-werden

399 https://www.profil.at/oesterreich/pflegenotstand-protokolle-branche-11352563

400 https://www.thieme.de/de/pflege/pandemie-trifft-pflegenotstand-157236.htm

401 https://www.ots.at/presseaussendung/OTS_20210902_OTS0080/gefaehrlicher-mix-aerztemangel-und-zunehmende-arbeitsunzufriedenheit-bei-spitalsaerzten

402 https://www.br.de/nachrichten/bayern/aerztemangel-im-landkreis-dillingen-nachfolger-dringend-gesucht,SeFLmZU

eine Pandemie, bringen die Gesundheitssysteme sehr schnell an ihre Grenzen.

Selbst Universitätskliniken sind teilweise nicht einmal mehr in der Lage, Akutpatienten zu versorgen.[403] Krankenhausambulanzen werden überrannt und sind oft schon über dem Limit.[404] Es gibt keine flächendeckende Rund-um-die-Uhr-Versorgung mit Notärzten mehr. „Wenn sie in Oberösterreich einen Herzinfarkt oder Schlaganfall haben, können sie schon einmal anfangen zu beten", titelt eine österreichische Zeitung.[405] Wegen des Ärzte- und Pflegemangels sind in Tirol rund 15 Prozent aller Krankenhausbetten nicht verwendbar.[406] Auf der Inneren Medizin des Kepler-Uniklinikums in Linz können von 90 Betten aktuell nur mehr 30 betreut werden.[407] Der Chef der Inneren Medizin der Universitätsklinik Innsbruck brachte es auf den Punkt: „Wir sind in der Bredouille, aber nicht wegen COVID."[408] Und die Urologie des Landeskrankenhauses Hall in Tirol, des zweitgrößten Krankenhauses in Tirol, informierte kürzlich, dass der „Akut-Versorgungsauftrag nur eingeschränkt" wahrgenommen werden kann. Das betrifft die Bevölkerung im Tiroler Zentralraum, von den Touristen, die zusätzlich nach Tirol kommen, gar nicht zu reden.

---

403 https://www.oe24.at/oesterreich/chronik/wien/akh-klinik-kann-akut-faelle-nicht-mehr-behandeln/532246087

404 https://www.tt.com/artikel/30825430/ambulanzen-an-der-klinik-am-limit-behandlung-nur-nach-terminvereinbarung

405 https://www.krone.at/2801982

406 https://tirol.orf.at/stories/3167581/

407 https://www.krone.at/2860580

408 https://www.tt.com/artikel/30825041/klinik-chef-weiss-wir-sind-in-der-bredouille-aber-nicht-wegen-covid

tirol kliniken
hall in tirol

Abteilung
Urologie & Andrologie

A.ö. Landeskrankenhaus Hall i.T.
Akademisches Lehrkrankenhaus der
Medizinischen Universität Innsbruck

Sehr geehrte Kolleg:innen!

Prof. Dr. Udo Nagele
Primar

Kontakt	E-Mail	Telefon/Fax	Verfasserin	Datum
Falk/ Weinberger/ Erler	hall.ur.sekretariat@tirol-kliniken.at	+43 50 504-383 10 +43 50 504-383 13	Miriam Falk	30.11.2022

Bettensituation

Sehr geehrte Kolleg:innen!

Aufgrund der derzeit prekären Bettensituation (Reduktion von 29 auf 23 Betten Urologie Hall lt. RSG 2025 und davon 8 Betten lediglich Montag bis Freitag verfügbar) sind wir zu folgender Information gezwungen:

- Aufschiebbare elektive Operationen müssen mit langen Wartezeiten rechnen
- Onkologische und dringende Stein-OP's werden priorisiert behandelt
- Urologie Hall kann Akut-Versorgungsauftrag nur eingeschränkt wahrnehmen → Akutfälle mit notwendiger stationärer Aufnahmen werden ggf. nach Innsbruck transportiert

Mit der Bitte um Verständnis und Kenntnisnahme

tirol kliniken
Urologie – Ärztliche Leitung

Schreiben Urologie Hall in Tirol vom 30. November 2022

Impfpflicht schlug Ärzte und Pflegekräfte in die Flucht

Die Gründe dafür sind vielfältig. In einer Pensionierungswelle gingen viele Ärzte während der COVID-19-Pandemie so schnell wie möglich in Pension. Etliche Pflegekräfte und Ärzte kehrten den Krankenhäusern in ganz Europa den Rücken oder mussten ihre Posten verlassen. Gerade das Gesundheitspersonal, das oft klare medizinische und persönliche Gründe hatte, sich nicht impfen zu lassen, wollte sich dem Impfdiktat nicht beugen. Das verstärkte den Personalmangel noch zusätzlich.[409,410] Provokante Aussagen von Politikern, wie etwa des Burgenländischen Landeshauptmanns Hans Peter Doskozil, der eine Impfpflicht mit der Begründung einforderte, dass es „nicht nur die Rechte des Individuums gibt“, förderten sicher nicht die Motivation von impfkritischen Ärzten und Pflegepersonal. Unter einem solchen Druck konnte das Personal in den Krankenhäusern nicht mehr arbeiten.[411] Wegen COVID-19 war also die „Volksgesundheit“[412] wichtiger als die Rechte der Bürger, wurden plötzlich Begriffe aus dem Nationalsozialismus (siehe „Hauptamt für Volksgesundheit der NSDAP“) von Regierungen, Politikern und Mainstream-Medien locker-lässig verwendet. Dazu fällt mir der frühere Bundeskanzler Kreisky ein: „Lernen'S Geschichte.“[413]

Zuletzt lenkten zwar viele Staaten in Europa und Krankenhäuser wegen des Personalnotstands ein und bestanden nicht mehr auf einer Impfpflicht für ihre Angestellten, wie ein E-Mail der Direktion des Krankenhauses Lienz exemplarisch zeigt.[414] Doch im Sommer 2022 war es zu spät. Das mutwillige, politisch motivierte und sinnlose Ausbluten der Krankenhäuser war längst erfolgt.

---

409 *https://www.diepresse.com/6072837/impfpflicht-italien-fehlt-gesundheits-personal*

410 *https://www.derstandard.at/story/2000132531612/verschaerft-die-impfpflicht-den-personalmangel*

411 *https://www.meinbezirk.at/burgenland/c-politik/es-gibt-nicht-nur-die-rechte-des-individuums_a5065567*

412 *https://transparenzportal.gv.at/tdb/tp/leistung/1017904.html*

413 *https://kontrast.at/lernen-s-geschichte-herr-reporter-bruno-kreisky-mit-orf-reporter/*

414 *https://brf.be/national/1658602/*

Physikalische Medizin und Rehabilitation

Von:	Schmidt, Martin (Ärztlicher Leiter, Prim. Dr.)
Gesendet:	Donnerstag, 21. Juli 2022 14:33
An:	_Everybody
Betreff:	Infektionsschutzanforderungen
Anlagen:	Infektionsschutzanforderung_18.07.2022.docx

Sehr geehrte MitarbeiterInnen,

nach intensiver Prüfung haben wir uns entschlossen, die bisherige Infektionsschutzanforderung zu ändern. Ab heute sind die COVID-19-Impfung und die Influenza-Impfung bei Neueinstellungen und Dienstvertragsverlängerungen nicht mehr verpflichtend gefordert. Die Hepatitis B-Impfung und die Keuchhusten-Impfung werden nur noch für bestimmte Personalgruppen gefordert (siehe Anlage).

Mit freundlichen Grüßen

Dr. Martin Schmidt / Robert Hieden MSc / Dr. Georg Kollnig

E-Mail der Direktion des LKH Lienz in Osttirol vom 21. Juli 2022

Zahl der Krankenstände steigt

Wir stehen aber noch vor einem weiteren Riesenproblem. Nach den COVID-19-Impfungen müssen sehr viele Menschen ärztlich behandelt werden, wie die Zahlen der Kassenärztlichen Bundesvereinigung in Deutschland schonungslos zeigen. Weltweit ist zuletzt die Zahl von Herzinfarkten und Schlaganfällen massiv gestiegen, weshalb die lebenswichtigen Medikamente, die Blutgerinnsel auflösen können, nicht mehr ausreichend zur Verfügung stehen.[415] Mehr Infektionen führen auch zu Engpässen bei Antibiotika.[416] Die Zahl der Krankenstände ist zuletzt deutlich angestiegen, wir sehen das in unseren Ordinationen. So waren und sind trotz aller – erfolglosen – Impfkampagnen immer mehr Geimpfte an COVID-19 erkrankt.[417] Das gilt natürlich auch für Ärzte und Pflegepersonal.

---

415 https://www.gelbe-liste.de/informationsbriefe/informationsbrief-actilyse-actilyse-cathflo-metalyse

416 https://www.nachrichten.at/meine-welt/gesundheit/mehr-infektionen-fuehren-zu-engpass-bei-antibiotika

417 https://www.derstandard.at/story/2000134236810/krankenstaende-ohne-ende-und-ueber-halbe-million-isolierte-fordern-betriebe

Katastrophale Personalsituation

Wie dramatisch die Situation auch in der Ärzteschaft ist, zeigt die Klinik Floridsdorf in Wien. Dort trat der Leiter der Abteilung für Kinder- und Jugendheilkunde zurück, weil ein eklatanter Personalmangel herrscht. Es fehlen dort in der Neonatologie mittlerweile so viele Fachärzte aufgrund von Abgängen und Erkrankungen, dass Dienste nicht mehr besetzt werden können. Es müssen Kinderärzte einspringen, die allerdings für diesen Aufgabenbereich nur eingeschränkt ausgebildet sind. Aus diesem Grund wurde auch eine Gefährdungsanzeige eingebracht.[418]

Es steht zu befürchten, dass Überlastungen, steigende Infektionszahlen, zunehmende Krebserkrankungen, vermehrte Impfnebenwirkungen, bleibende Impfschäden, gehäufte COVID-19-Durchbruchsinfekte sowie der Mangel an wichtigen Medikamenten zu vielen krankheitsbedingten Ausfällen, auch bei Ärzten und Pflegepersonal, führen werden. Die katastrophale Personalsituation wird sich wohl noch weiter verschärfen. Kurz gesagt: Unser Gesundheitssystem steht vor dem Kollaps.

COVID-19-Kranke werden ärztlich nicht ausreichend versorgt

Wie dysfunktional unser Gesundheitssystem mittlerweile geworden ist, zeigt auch die Tatsache, dass COVID-19-Kranke nicht ärztlich betreut und medikamentös behandelt werden. Das ist mittlerweile durch ein Schreiben der Salzburger Ärztekammer hochoffiziell bestätigt. In einem Brief „ersuchten" der Salzburger Ärztekammer-Präsident und der Kurienvorsitzende der niedergelassenen Ärzte, die „Betreuung auch von COVID-19-PatientInnen im häuslichen Umfeld zu

418 *https://www.meinbezirk.at/floridsdorf/c-gesundheit/primar-in-der-klinik-floridsdorf-wirft-das-handtuch_a5590251*

unterstützen".[419] Dieses Schreiben ist in meinen Augen quasi das endgültige Eingeständnis des Scheiterns der Corona-Maßnahmen-Politik und des Gesundheitssystems. Mit dieser Meinung bin ich nicht alleine. Jahrelang erklärte man, dass nur die Impfung einen Schutz vor COVID-19 bietet und bezeichnete Medikamente als wirkungslos – und jetzt beklagt man, dass Ärzte COVID-19-Kranke nicht medikamentös zu Hause behandeln. Der Grund für den plötzlichen Sinneswandel wird gleich mitgeliefert. Da COVID-19-Kranke nicht zu Hause behandelt werden, erkranken sie natürlich viel öfter schwer und müssen dann in Krankenhäuser zur Behandlung. Das hat zwei Folgen: Erstens werden die Krankenhäuser, die ja sowieso „aus dem letzten Loch pfeifen", zusätzlich belastet und sind dadurch überlastet. Und zweitens sterben dadurch natürlich auch viele Menschen an COVID-19, die bei einer rechtzeitigen medikamentösen Behandlung nie schwer erkrankt wären. Die völlig verfehlte Corona-Politik macht Menschen sinnlos krank und kostet Menschenleben, Tag für Tag.

Ich habe etliche Patienten betreut, um die sich sonst kein Arzt gekümmert hat. COVID-19-Kranke werden nach wie vor nicht flächendeckend zu Hause versorgt. Sie dürfen Ordinationen oft nicht betreten, und sehr oft kommt auch kein Arzt zu ihnen nach Hause. Das alles muss man sich auf der Zunge zergehen lassen: Die Ärztekammer bittet im Jahr 2022 Ärzte, Kranke zu Hause zu behandeln, damit sie nicht ins Krankenhaus müssen. So etwas hätte ich mir bis Corona nicht vorstellen können.

---

419 https://www.wochenblick.at/corona/statt-zum-hausarzt-corona-patienten-werden-ins-spital-geschickt/

COVID-19 Fehlbelegung im Krankenhaus **05.10.2022**

Ergeht an alle niedergelassenen Ärztinnen und Ärzte für Allgemeinmedizin
mit Ordination in Stadt Salzburg, Flagau und Tennengau

Sehr geehrte[redacted]

die steigende Zahl COVID-19-Erkrankter führt aktuell zu einer erheblichen Belegung in den Krankenhäusern. Aus den SALK-Spitälern wird mitgeteilt, dass die meisten der ausschließlich wegen COVID-19 stationären PatientInnen lediglich wegen mangelnder Versorgung im häuslichen Umfeld aufgenommen sind.

Es ist völlig klar, dass es nicht die Aufgabe der Hausärztinnen und Hausärzte ist, die pflegerische bzw. Alltagsbetreuung von Erkrankten zu gewährleisten. Es ist andererseits aber auch im hausärztlichen Interesse, dass die Krankenanstalten ihren Kernaufgaben in der Versorgung unserer gemeinsamen PatientInnen nachkommen können und nicht aufgrund von Fehlbelegungen das von uns erwartete Leistungsangebot nicht mehr gewährleistet ist.

Aus diesem Grund ersuchen wir Sie, insbesondere angesichts der noch zu erwartenden weiteren Steigerung der COVID-19-Fallzahlen, wann immer möglich, die Betreuung auch von COVID-19-PatientInnen im häuslichen Umfeld zu unterstützen.

Vielen Dank für Ihren immensen Einsatz, der immer wieder durch diese Pandemie gefordert ist.

Mit kollegialen Grüßen
für die Ärztekammer Salzburg

Der Obmann der Kurie
der niedergelassenen Ärzte:

VP MR Dr. Christoph Fürthauer e.h.

Der Präsident:

Dr. Karl Forstner e.h.

Brief der Salzburger Ärztekammer-Führung vom 5. Oktober 2022

Das Gesundheitssystem kollabiert

Zusammenfassend kann man sagen, dass COVID-19 die Missstände im Gesundheitswesen schonungslos aufdeckt. Millionen COVID-19-Kranke werden nicht rechtzeitig zu Hause behandelt, sondern einfach ihrem Schicksal überlassen. Der Personalmangel nimmt weiter zu. Pflegepersonal und Ärzte sind demotiviert, desillusioniert, unter Druck gesetzt und fühlen sich zunehmend „an der Nase herumgeführt". Die Fehler und die Unfähigkeit der regierenden Politiker sowie die oft abenteuerlichen Prognosen irgendwelcher „Experten" lassen sich nicht mehr kaschieren.

In den vergangenen Jahren wurden in Deutschland, Österreich und in der Schweiz hunderte Milliarden Euro für die Corona-Politik der Regierungen ausgegeben, für Tests, Impfungen und Medikamente, die nicht verschrieben werden, für Werbekampagnen, Inserate in Medien, für Entschädigungen der Wirtschaft, für Kurzarbeit und so weiter. In eine nachhaltige Stärkung des Gesundheitssystems wurde jedoch nicht investiert. Die Corona-Politik der Regierungen half nicht, sie trieb den bevorstehenden Kollaps des Gesundheitssystems sogar noch voran. Niemand unternimmt etwas dagegen. Oder will man vielleicht gar nichts unternehmen und das System einfach „crashen" lassen?

Nachwort der Autoren

Die Macht der Medien wurde für uns Autoren in der Corona-Krise besonders deutlich. Deshalb haben wir in unserem Buch 18 grundlegende Corona-Behauptungen, die die Medien uns täglich eingehämmert haben, genauer unter die Lupe genommen. Mit wissenschaftlichen und politischen Fakten konnten wir die propagandagesteuerte Corona-Meinungsmache der Medien klar widerlegen.

Damit möchten wir einerseits die Corona-Debatte insgesamt versachlichen und erweitern. Andererseits wollen wir aber auch auf die Gefahr hinweisen, die von den Medien ausgehen kann, wenn diese nur noch das Regierungsnarrativ stützen und aufhören zu hinterfragen. Unabhängige Medien sind für eine Demokratie lebenswichtig! Das hat uns die Corona-Panikmache eindringlich gezeigt.

Wir wollen Sie, liebe Leserinnen und Leser, anregen, selbst auf Entdeckungsreise zu gehen. Es gibt mittlerweile neue vom Bürger selbst finanzierte Medieninitiativen und engagierte Journalisten, die andere und neue Sichtweisen und Erkenntnisse aufgreifen und fördern. Wenn Sie in unseren Quellenangaben stöbern, werden Sie dazu zahlreiche Anregungen und interessante Hinweise finden.

Gerald Hauser und Hannes Strasser

Impressum

NAbg. Mag. Gerald Hauser
Univ.-Doz. Dr. Hannes Strasser, MSc.
UND DIE SCHWURBLER HATTEN DOCH RECHT...
DER Corona-Faktencheck

Verlag Frank&Frei
Wien 2023
3. Auflage
www.frankundfrei.online

ISBN: 978-3-903236-70-7
eISBN: 978-3-903236-71-4

Gedruckt in der EU
Titelfoto: ©Dreamstime